AF354072

YO SÍ PUDE

DEL VALLE DE LÁGRIMAS A LA CIMA DE LOS LISTILLOS

ExLibric

JESÚS LÓPEZ-DAVALILLO Y LÓPEZ DE TORRE

YO SÍ PUDE

DEL VALLE DE LÁGRIMAS A LA CIMA DE LOS LISTILLOS

EXLIBRIC
ANTEQUERA 2021

JESÚS LÓPEZ-DAVALILLO Y LÓPEZ DE TORRE

YO SÍ PUDE

DEL VALLE DE LÁGRIMAS A LA CIMA DE LOS LISTILLOS

Introducción

Había una vez, allá por el año 2114, un país, ni grande ni pequeño, e incluso poco significativo en el contexto global, que con las modas y necesidades de aquella época estaba integrado en una unión aduanera (Unión de Países Bananeros) que aspiraba a ser una integración total de países en sus aspectos económicos, sociales e incluso políticos, pero ninguno de los países integrantes quería ceder parte de sus derechos para que avanzara. Unos años más tarde, probablemente por simplificar, pasó a llamarse UB (Unión Bananera). Cabe destacar que cuanto se expresa en este libro es absolutamente imaginario, tanto respecto de los nombres y cargos que en él aparecen como de las situaciones que de todo orden social pudieran al lector parecerle de su propio país, sea cual fuere y dentro de la galaxia donde le tocara vivir.

De esta manera pretendo que quede claro para los poderes legislativos, ejecutivos o judiciales de cualquier país que se pudiera ver reflejado en estas páginas, en el supuesto de que sean auténticamente democráticos, que no podrán ni deberán ejercer acción alguna de tipo civil o penal contra este humilde escritor.

Con esa sana y buena intención paso a narrarles mi historia en aquella UB.

Primeras reflexiones

Ahora que comienzo este libro, cuando ya han pasado varios años, meses, días, horas, minutos y segundos desde que se inició este duro siglo XXII, de los más de diez mil millones de habitantes que, dicen, poblamos este mundo, la inmensa mayoría somos pobres (se les llama así a esas personas que tienen poco o que tienen lo estrictamente justo para vivir); otros, pobres de solemnidad (más que las ratas, como decían mis ancestros, no sé muy bien por qué); con más suerte bastantes más, con una pobreza más digna: la mal llamada «clase media», que acudiendo al diccionario… son los que forman una categoría social definida por sus ingresos… y los del proletariado.

Si seguimos hojeando la enciclopedia, nos aclara que este tipo de gente es generalmente urbana y que tiene que levantarse muy temprano para, tras un agotador trayecto en transporte público, apretujada con gente como ella, trabajar, mediante un esfuerzo físico o intelectual, en una determinada actividad, dedicando muchas horas, sin tener claro si hace bien su trabajo o si, por el contrario, es uno de los elementos que estropean la productividad, entendida como relación entre la producción obtenida y las cantidades de cada factor utilizadas para obtenerla.

Con referencia a mi trabajo físico e intelectual, lo pongo al servicio de una empresa privada. Tras acabar regreso a casa gracias a otro cómodo viaje como el de la mañana, agotado y enfadado casi todos los días porque con lo que me «echan» a final de mes soy casi tan pobre como si no trabajara y simplemente fuera un subsidiado por cualquiera de las múltiples circunstancias que «disfrutan» muchos de mis conciudadanos. Una sensación similar supongo que tendrá Begoña, mi esposa, aunque su trabajo en el ministerio parece más tranquilo y, por supuesto, seguro, además de estar su oficina a pocos minutos andando desde casa, lo cual le ahorra tiempo, dinero y los agobios propios de los transportes urbanos de las grandes ciudades.

Por su parte, Pedro y María, nuestros hijos, también sufren lo suyo con su «trabajo» de estudiar, ya que pasa a recogerles el autobús del colegio a primera hora de la mañana y no los vuelve a dejar en casa hasta mediada la tarde, para que aprovechen el tiempo antes de ir a dormir para merendar y hacer los deberes.

Ellos, cuando lo consideren oportuno, ya contarán cómo asumen ese día a día de sus obligaciones.

Por eso me pregunto con mucha frecuencia: ¿por qué la mayoría de las personas, aun habiendo muchas inteligentes, son pobres? Seguramente estarán pensando que es porque siguen, cual corderillos, los dictados de la sociedad que les sobrecoge, más que acoge, en su seno, bien conducidos por unos cuantos listillos que nos hacen creer que trabajan para todos con total altruismo y que de ninguna forma dejan que se modifique este estatus.

Si de verdad quieren hacerse ricos, lo primero es no creer absolutamente nada de lo que les digan, ni de lo que les escriban o encuentren en cualquier artículo o texto (excepto este libro, que debe ser su biblia personal e intransferible). Incluso duden de lo que vean, porque todo está manipulado.

Observen con detenimiento lo que dicen representantes de todos los sectores, con mensajes casi siempre catastrofistas, pero ellos siguen viviendo muy bien en cuanto acaban el discurso. Hace ya muchos años un sabio maestro me abrió los ojos: «Estás en el presupuesto o estás en el error». Y todos ellos, de una u otra forma, están en el presupuesto.

Fíjense bien, los empresarios pierden dinero, no ganan ni siquiera la rentabilidad que un banco les pagaría por las cantidades invertidas en las empresas; por eso necesitan subvenciones, regalías varias, bufandas, astillas, etc. Desde la patronal se dedican a servir a una serie de empresas (casi exclusivamente las grandes) y correligionarios para conseguir nuevos adeptos basados en la misma demagogia. ¡Pero muchos empresarios, por suerte para ellos e incluso para la sociedad en su conjunto, siguen ganando dinero!

¿Y los sindicatos? Sus pobres dirigentes han sido «liberados» y, para defender mejor a sus afiliados, han dejado con pena sus cómodos puestos de trabajo para dedicarse a la tremendamente dura e ingrata tarea de ser ejecutivos de su sindicato, que en muchas ocasiones abarca también la responsabilidad de empresas creadas por ellos o la de sentarse en cómodos sillones de los consejos de administración de otras empresas, algo más cómodos que el cajón que tenían junto al torno o la fresadora, pero nunca se les olvidará que el trabajador (incluso los empleados de sus empresas o sus afiliados) será explotado, pero por suerte ¡sigue habiendo buenos trabajadores!

Con los políticos podría extenderme mucho más, ya que, como hablan mucho y todos los días, hay sobradas referencias en las hemerotecas, pero no creo que merezca la pena contar las historias que nos sueltan de vez en cuando sobre la importancia de los trabajadores para el desarrollo del país. Es lógico, ya que «política» etimológicamente viene del concepto de «arte propio de los ciudadanos, arte social, arte de vivir en sociedad, arte de las cosas del Estado», pero resulta difícil encontrar entre la maraña de políticos uno solo que realmente se pueda destacar de la mayoría y normalmente «se les olvida» lo que apreciaron u observaron en la sociedad. Caen en una fácil amnesia que se les produce sobre lo que prometieron en la campaña electoral, ya que, al fin y al cabo, es lo que les obligaron a decir sus expertos en *marketing* político, que no saben más que de las utopías que los votantes quieren oír. Y como decía el viejo profesor, «las promesas electorales se hacen para no cumplirlas».

Los pobres políticos sufren para poder contentar a todos los grupos con influencia y agradecerles su apoyo, principalmente en forma monetaria. Para ello deben poner más presión en esas calderas recaudadoras para trincar cuanto más mejor y así, dado que Dios, Alá, Buda o alguna otra divinidad les han otorgado los poderes de la sabiduría, disfrazado de un reparto igualitario ellos lo distribuyen como mejor conviene a la sociedad que dirigen y protegen (bienaventurados).

Vamos a poner un solo ejemplo de cómo, gracias a nuestros dirigentes políticos, empresariales y sindicales, podemos ir avanzando en el camino de la sabiduría y la formación para que todos tengamos una vida mejor: se reúnen todos y deciden cómo repartir esta sustancial pasta (más lo que llega de otras instituciones extranjeras para estos fines) y se lo adjudican al más idóneo; vamos a suponer que se trate de una acción de formación que haya que impartir en función de las distintas especialidades, sectores, etc.

En estos últimos años hemos podido asistir al milagro de San Severo: sindicatos, patronal, asociaciones, etc., tienen grandes centros de formación, que explotan debidamente en detrimento de la abundante oferta privada que existe, que está en crisis, lo que está obligando a cerrar muchas empresas. ¡Todo sea por el bien de los otros trabajadores y empresas, que estarán mejor defendidos con el beneficio que obtienen ellos, aunque eso suponga un pequeño sacrificio, poniendo en la calle a otros trabajadores de pequeñas empresas de formación!

El fin justifica los medios. La masa de trabajadores y empresarios necesita financiación y tenemos que proporcionársela todos, aunque nos hayamos quedado en casa (si la tenemos) por su buen (¿?) hacer dictatorial.

¿Qué designios de Dios influyen en el reparto de los otros tipos de subvenciones y prebendas? Los designios de Dios son indescifrables y solo lo sabe él… Bueno, y algunos más, que son los que las dan y algunos de los que las reciben.

Las iglesias, las sectas, las… ¿son diferentes? No. Con mensajes directos, indirectos o mediopensionistas (o subliminales) nos atraen a ellos con su fuerza centrífuga (o centrípeta en otras ocasiones) y una vez allí nos piden cualquier cosa, sobre todo más dinero, que justifican por la mucha necesidad que hay en el mundo (y es verdad) y ellos se encargan de llevárselo.

Muchas veces me pregunto (y cuando estoy escribiendo este capítulo estoy en una ciudad de otra galaxia): ¿cómo van a darle el dinero a esos pobres que lo necesitan más que nosotros? ¿Qué hacen las personas a las que hemos dado la pasta? Hago estos cálculos, porque con lo que cuesta hoy un pasaje de avión, alquilar un coche para ir a llevárselo, seguramente muy lejos, comer y dormir en algún hotel (que se entiende que no sea de cinco estrellas, pero al menos digno)… compense este duro trabajo, porque lo que le llega al «pobre necesitado» final serán unas monedillas por parroquia o comuna o como sea, según los casos.

Además, en los últimos tiempos han aparecido una serie de «organizaciones» (a mí todo en este término me parece raro y ligeramente mafioso) gubernamentales y no gubernamentales, asociaciones de pobres, de deformes, de aplastados, de feos, de sinvergüenzas, etc. Todos ellos reclaman con justicia más pasta para seguir viviendo y mejorar su situación y la de sus colegas.

Estoy seguro de que en el fondo usted no se ha creído nunca toda esta serie de patrañas, pero haga un sencillo cálculo y se dará cuenta de los miles de millones de unidades monetarias que esto supone. Si quiere hacerse una idea, calcule lo que por estos y parecidos conceptos se recauda en su comunidad. Una vez que tenga una cifra aproximada, multiplíquela por los cientos y miles de comunidades como la suya que existen en el mundo y… ¡¡hala!!

Tal vez en estos inicios del libro ya se le ha ocurrido una idea para hacerse rico: ¡montar una organización! Pero todavía no se precipite. Subraye esta idea y déjela para más tarde.

En cualquier caso, retire de inmediato de su presupuesto las cantidades que tuviera previsto dar a cualquiera de las estructuras que he indicado y todas las que existan, que con seguridad va a seguir teniendo conocimiento. Se ahorrará una buena cantidad y en el fondo ni lo notarán, porque, por suerte para ellos, muchos millones de personas de este mundo y prácticamente todos los habitantes de los restantes planetas no podrán leer este libro.

Analice un día cualquiera

(de lunes a viernes, sin contar los festivos)

Normalmente, si trabajamos, empezamos a gastar dinero nada más levantarnos. Como hemos de acudir pronto a nuestro trabajo, debemos dar la luz (que no es gratis), gasto que podríamos ahorrar si nos levantásemos más tarde, con pleno sol. La ducha también supone un gasto (de gas, agua, electricidad…), pero este hábito no es conveniente suprimirlo del todo; de vez en cuando al menos debemos incurrir en este gasto, hasta que nos planteemos ir a vivir a un lugar cálido donde no sea necesaria el agua caliente para estos menesteres. En cualquier caso, este es otro ítem de ahorro.

El café que nos tomamos a continuación sí es susceptible de ahorro (tomando achicoria, por ejemplo), pero aun en esta etapa de severo ahorro no debemos olvidar que «la vida es cara; existe otra más barata, pero no es vida ni es nada».

Si para bajar al garaje tiene que usar el ascensor ¡está pagando gastos de comunidad!, que dio lugar a este curioso invento que instituyó unos extraños negocietes.

Se genera uno o más puestos de trabajo para gente que desarrolla muchas y variadas funciones, consistentes en guardar «la finca» como si de una niñera se tratara, con la ventaja de que se mueve menos que un niño viendo en la televisión un programa para mayores. En general, nosotros no participamos en su selección. La mayoría de los que yo he tenido no me han gustado; los hubiera elegido más altos, más rubios y con los ojos más azules. Y si a mi mujer no le hubiera importado yo, sinceramente, hubiera preferido una portera, como una chica que vi una vez en una revista en una gran ciudad, porque eso luce mucho ante los amigos que vienen a vernos a casa.

También hay un servicio de limpieza que, aunque en la mayoría de las ocasiones no se nota, hay que pagarlo, porque en caso contrario dicen que estaría aún más sucio. Yo no lo creo, pero mis noventa y nueve vecinos dicen que sí.

Finalmente, abro la puerta del garaje del tercer sótano y me dirijo hacia mi plaza, donde encuentro el mismo coche grande, sucio y viejo de todos los días, por el que tuve que empeñarme económicamente hace solo nueve años y, según me dicen todos (incluidos los vendedores de otros coches, que intentan que compre uno nuevo), no vale absolutamente nada. No es así, sin embargo, para el Excelentísimo Ayuntamiento, que me cobra sus impuestos como si fuera nuevo y flamante, ni para la compañía de seguros, ni para los talleres, ni para la ITV…

Cuando me subo al coche abro las ventanillas para que se vaya ese apestoso olor a tabaco que el estrés me obliga a consumir y al final arranco con la diaria monotonía de dirigirme a mi trabajo para ganarme el pan nuestro de cada día, actualmente con mucho más sudor de mi frente porque ha empezado el verano, máxime en la ciudad donde vivo desde que abandoné mi pueblo (mejor dicho, villa), que, con un clima continental, es un poco agobiante en esta estación veraniega.

De camino a la oficina tengo que parar en la gasolinera porque, a pesar de estar concienciado de los ahorros imprescindibles, este coche es incapaz de andar aún sin ese espantoso y caro líquido que el empleado me echa en el enorme depósito, aunque solo se mueve la aguja un poco, ya que si echo más de cien doblones se me destroza el presupuesto. Por este motivo yo no noto demasiado ni las subidas ni las bajadas de los precios de las gasolinas, ya que siempre pongo la misma cantidad.

Por cierto, siempre voy a gasolineras donde hay empleados, porque en las otras, además de mancharme las manos y muchas veces el pantalón, la corbata o la camisa, me cuesta lo mismo a pesar del trabajo que realizo para ponerme el combustible, lo cual es tremendamente injusto, y no estoy dispuesto a trabajar gratis para nadie, menos sin conocerle, y tener la sensación de que se queda con una parte de lo que pago por llenar el depósito. Además, disminuye el paro, porque debían contratar a expendedores de gasolina. Por eso debemos unirnos en este propósito a fin de que todos aportemos cuanto podamos para avanzar en el imparable camino hacia el pleno empleo.

Desprovisto ya del dinero que, según convenio, voy a ganar hoy, llego a la oficina y, como siempre, no puedo aparcar y lo tengo que dejar en doble fila.

La verdad es que recuerdo que un día aparqué. No se pueden hacer una idea de las ganas que me dieron de dejar allí el coche para siempre, entre otros motivos por la envidia de todo el personal por tener el coche aparcado en la puerta. No es por falta de civismo; de hecho, no molesta a nadie y si así es en alguna ocasión inmediatamente se retiran los coches que estorban, ya que este sistema de aparcamiento lo utilizamos todos los que trabajamos en la empresa.

Esta práctica vamos a tener que dejarla de una vez, porque es malo para el empresario y para el empleado. Me explico: de vez en cuando aparecen unos guardias, normalmente en moto, que no es que traten de disuadirnos de las obligaciones ciudadanas respecto a la normativa de tráfico, ni siquiera que estorben a algún otro conductor o peatón. Simplemente, sacan su bloc de multas para cubrir su cupo diario de recaudación para las siempre deterioradas arcas del Excelentísimo Ayuntamiento.

Ante esta agresión y dadas las excelentes cualidades de observación de la proba funcionaria de recepción de lo que ocurre en la calle, suenan los teléfonos de todos los despachos y, como si de un simulacro de fuego se tratara, todos nos abalanzamos hacia la calle para retirar los coches y dar varias vueltas hasta encontrar donde deshacernos de ellos, o bien esperar a que los valerosos agentes hayan dado por finalizada su útil, inestimable y pública labor de vigilancia.

Esta necesaria operación nos lleva algo más de media hora y nos vemos obligados a ello por culpa del Ayuntamiento, por lo que, sinceramente, no podríamos calificarlo como pérdida voluntaria de tiempo, aunque el empresario entiende injusto tener que abonarla; pero esto sería lo de menos si no fuera porque en ocasiones los esforzados agentes de la autoridad logran su objetivo y me colocan una multa, que supone como mínimo el salario convenio de toda la semana, y eso si tengo suerte de que no intervenga la grúa, porque en ese caso ¡qué les voy a contar yo!

Hasta hace no mucho tiempo estas multas no le quitaban el sueño a nadie, ya que todos teníamos como orgullo contar a los amigos cómo no las pagábamos porque no tenían poder ejecutivo y blablablá, pero desde hace un tiempo te embargan las cuentas corrientes (desgraciadamente, demasiado corrientes), te envían cortos y amenazantes mensajes, contratan a empresas privadas que te «presionan» y que, de paso, se lo van contando al portero para vergüenza y oprobio ante el vecindario, donde a los pocos días todo el mundo se entera de que el vecino del décimo, además de ser absolutamente incívico, debe mucho dinero y le van a embargar, le citan del juzgado vaya a saber por qué, etc.

En cualquier caso, si algún día no hay sustos de este tipo, pasado el tiempo de «calentamiento» para poder iniciar el trabajo de forma progresiva y no dañar excesivamente mi equilibrio psicológico, saco, como todos, unos cuantos papeles con los siempre urgentes, importantes y numerosos asuntos para empezar mi angustiosa tarea.

En cualquier caso, es inútil porque, como es del dominio público, la burocracia se autoalimenta, por lo que, entre lo que yo hago y el apoyo de todos mis compañeros, somos capaces cada día de generar trabajo para otros cinco, lo que no solo nos agobia y sume en la desesperación de la labor inacabada, sino que, en un esfuerzo de solidaridad, nos obliga a acudir con las presiones necesarias al empresario para que aumente el número de burócratas que hagan ejército con nosotros.

Creo que es una labor de protección no solo de nuestro trabajo, sino de la humanidad en su conjunto, ya que de esta forma cada uno de nosotros logrará dar trabajo a varios y, con ello, dinero para ellos y sus familias y, por supuesto, crear personas como yo, que algún día se planteen lo que están haciendo. Porque ¿no sería mejor dejar el trabajo para otros? Disponiendo de más tiempo podría al fin ganar más dinero y, en definitiva, vivir mejor.

De esta manera llegaríamos al pleno empleo, que en un estado de bienestar como en el que vivimos sería alcanzar casi la perfección, sobre todo si en lugar de utilizar la fuerza bruta para prestar nuestros servicios primara la aportación intelectual.

El trabajo intelectual, como todos los facultativos indican, requiere de periodos de descanso frecuentes, aunque breves, que ayuden a rendir luego más, por lo que cada cierto tiempo se requiere hacer una parada, junto con unos cuantos compañeros, para poder intercambiar experiencias vitales y laborales que nos ayuden a enriquecernos mutuamente.

Solo surge un problema, que cada uno de estos recesos supone un nuevo gasto para el café, la cerveza… (otro gasto que nos evitaríamos si estuviéramos en nuestra casa sin los problemas y la ansiedad que supone el trabajo).

Desde luego, yo decidí hace tiempo de manera responsable que no debía hacer más de dos descansos de este tipo por la mañana, ya que de otra forma mi economía se vería gravemente afectada (las cosas, en general, suelen ser buenas con moderación, me decía yo para no entristecerme demasiado).

Tras las primeras y agotadoras cinco horas de duro trabajo llega el ansiado descanso, más prolongado que los otros porque debemos ocupar un tiempo en recobrar las fuerzas perdidas con un refrigerio breve que nos permita seguir trabajando.

La verdad es que, de por sí, el nombre de refrigerio me parece poco apropiado para el hecho de comer, que es como siempre se ha dicho. Recuerdo oír a mis mayores: «¡Si no comes bien, ¿cómo vas a trabajar?!».

Claro, ellos tenían otro concepto del trabajo. Ahora simplemente te comes un sándwich con un refresco de cola y sigues trabajando igual que antes. Que ni mucho menos significa que los de antes trabajaran así, porque si hubieran trabajado tan poco como nosotros hemos llegado a conseguir con nuestros «derechos» a fin de rendir lo mínimo, no hace falta pensar mucho sobre lo que nos hubieran dejado como herencia. Seríamos aún más pobres y no podríamos afrontar el futuro con tanto entusiasmo (por cierto, ¿qué será del futuro de los que nos siguen en este valle de lágrimas?).

Olvidándome de estas disquisiciones filosóficas, lo que quería decir es que en lugar de refrigerio me han gustado siempre mucho más términos como ágape, banquete, comilona, etc., pero el hecho es que no puede ser de esa forma, entre otras razones por cuestiones banales tales como la productividad tras una comida de tales características, etc. Además, no nos lo podemos permitir, ya que con nuestro escaso salario no llegaríamos así ni a los diez primeros días del mes y Dios sabe quién nos daría el dinero para finalizar el mes, así que todo se lo quedaría el capitalista dueño del restaurante, por lo que debemos resistir, no sucumbiendo a tentación tan desagradable.

Pero el hecho cierto es que debemos comer lo suficiente para que la anemia no haga efecto en nosotros y podamos seguir prestando el servicio que la sociedad nos requiere, por lo que vamos de puerta en puerta y de restaurante en restaurante observando con aparente frialdad los precios de los menús del día, no porque no seamos capaces de degustar buenos menús a la carta en restaurantes de lujo, sino simplemente porque ello nos obligaría a gastar más de lo que ganamos.

En cualquier caso, es simplemente cuestión de imaginación, porque consiste en seleccionar los platos preferidos, pero en lugar de hacerlo en una carta de restaurante lo hacemos recorriendo los seis o siete que exhiben los platos de ese día y su precio, por lo que, tras un paseo, que al mismo tiempo sirve para abrir el apetito, nos decidimos por uno de ellos, por el que generalmente cobran entre diez y doce doblones.

Conviene ser austero en esto de las comidas por diversas razones tanto morales como de dieta, pero a veces es nada más que por el dichoso dinero.

Observen que en algunos de estos restaurantes de precio razonable en el menú solo se incluye una copa de vino (insuficiente para ayudarnos a hacer la digestión y menos para que sirva de ayuda a nuestra salud, como cada vez más numerosos y prestigiosos doctores aconsejan por los beneficios que producen los taninos en el caso del vino tinto y lo buena que es la cerveza para mejorar sustancialmente la salud física y mental).

La realidad es que si pedimos un vaso de vino más, bien porque nos apetezca o por las razones que he expuesto, nos supone un buen incremento del coste y más aún si nos queremos permitir el lujo de tomar una copa tras el café (suponiendo que hayamos optado por café en vez del postre, porque si queremos postre y café se nos incrementa todavía más).

La calidad, indudablemente, no puede ser muy alta, pero no está mal y nos permite seguir con un nivel razonable de salud estomacal y del resto del organismo. Aunque no comparto la acidez que muchos de mis compañeros dedican a las críticas culinarias de este tipo de restaurantes, he de reconocer que en algunas ocasiones el pescado del día está muy «fresco», diría yo que demasiado, y es frecuentemente porque está mal descongelado.

En cualquier caso, comemos, lo que ya quisieran para sí esos que salen en los informativos de la televisión, que pasan mucha hambre y no somos capaces de resolvérsela. Ni siquiera los ricos pueden hacer nada, según ellos porque son muchos y de poco serviría lo que ellos pudieran dar.

Así que, tristes pero consecuentes con la realidad, nos dejamos de problemas de conciencia y nos dedicamos al ocio.

Ocio es sinónimo de mal compañero para el ahorrador de ciudad, porque, como tenemos que comer deprisa para que el dueño del restaurante pueda dar más comidas y así mantener estos precios que nos ofrece, terminamos en poco más de media hora y tenemos que esperar otra hora y media antes de reintegrarnos a nuestro puesto de trabajo, lo que nos obliga a echar una partidilla o simplemente charlar para matar el tiempo y, como todo está mercantilizado, no podemos hacerlo en un sitio cerrado sin tomar alguna consumición, lo que nos origina un nuevo incremento de los gastos.

Pero la felicidad poco dura en casa del pobre, ya que el ocio puede llegar incluso a producir serias enfermedades. Solo por citar un ejemplo, les relataré cómo yo mismo estuve al borde de caer en la horrible ludopatía.

Uno de esos días que terminábamos de tomar el café, varios de mis compañeros, como siempre, se gastaban unas cuantas monedas en las máquinas tragaperras, estratégicamente distribuidas allí donde alguien puede tener un rato libre. La verdad es que de vez en cuando les salía uno de esos premios que, al menos moralmente, compensan las pérdidas dinerarias. Lo cierto es que yo nunca jugaba porque me parecía una cosa de niños y nosotros ya teníamos una edad en la que nadie nos confundía con un infante.

Pero hete aquí que un día, tras mucho insistir mis compañeros y puesto que me habían devuelto en el bar una moneda de un doblón, y después de que ellos ya llevaran jugando más de un cuarto de hora, al salir decidí echarla a la máquina y (¡oh, jugada del destino!) la máquina, como posesa, empezó a escupir decenas y decenas de monedas como el cuerno de la abundancia. Ante esta satisfacción, absolutamente desconocida para mí, invité a mis compañeros a una copa, con lo que dilapidé una gran parte de mi recientemente adquirida casi fortuna.

Este hecho, para muchos insignificante, supuso para mí el inicio del camino hasta mi absoluta ruina. Día tras día me acercaba a mi mágica máquina y le echaba moneda tras moneda, sin que ella se acordara de mí ni recompensara mi fidelidad con algunas monedillas de nada, pero que hubieran evitado mi desequilibrio económico.

Consecuentemente, me dificultaba mantener esa situación por lo que suponía de desajuste de mi presupuesto mensual. Mi nueva y casquivana máquina me echaba de vez en cuando unas monedas para que me sintiera permanentemente unido a ella, pero sin terminar de compensar mis cada vez más cuantiosas aportaciones a mi nueva amiga.

Al cabo de unos meses, entrando ya en ese profundo sentimiento de la realidad del trabajo y del ocio al que conlleva durante unas horas, me di cuenta de que la situación no podía seguir y de que el inicio de los primeros síntomas de ludopatía estaba adquiriendo unas características cada vez más difíciles de afrontar de manera lógica.

Decidí enfrentar con firmeza esta enfermedad, propia en todo caso de muchimillonarios, y ocupar mi tiempo en las tertulias entre amigos, ya que además es más barato y seguramente más enriquecedor (aunque lo dudo).

Esta ha sido una de mis numerosas batallas ganadas a esa selva de innumerables trabas y trampas puestas en el camino de todos y cada uno de nosotros con el único fin de atarnos cada vez más a este extraño sistema de sociedad, hecho en favor de unos pocos y que milagrosamente consigue la adicción de cientos de miles, que les seguimos el juego de manera absolutamente irracional, como si fuéramos auténticos borregos.

Dejando al margen estas reflexiones, que me vienen originadas por los muchos años de vida que he ocupado en esta situación, debo volver a mi trabajo para completar las tres horas de jornada laboral que me faltan para cumplir con uno de tantos compromisos «libremente» asumidos en mi contrato laboral.

Por cierto, que muchas veces me pregunto sobre esas esquizofrénicas razones de la libertad, en tanto en cuanto vamos a buscar un puesto de trabajo que en la mayoría de las ocasiones ni nos interesa ni nos apetecería hacerlo, por lo que nunca aceptaríamos el hecho de que nos realiza personal y profesionalmente. Sin embargo, en ese momento pensamos que es el único *modus vivendi* y ponemos cara de gilipollas en las entrevistas de selección y contamos a nuestro entrevistador que precisamente ese es el puesto de trabajo que siempre habíamos soñado desde que descubrimos nuestra verdadera vocación. ¡Qué se va a hacer! ¡Más *cornás* da el hambre!

Y los que no somos capaces de torear esos grandes animales con cuernos tenemos que dedicarnos a torear situaciones buenas, malas o mediopensionistas, que en muchas ocasiones son más desagradables, aunque la gente ni lo entienda ni lo valore si no estamos en la plaza.

Otro gran filósofo, amigo de siempre, afirmaba con rotundidad: «Fíjate qué malo es el trabajo, que es por lo único que pagan».

Mientras reflexiono, me dirijo con paso cansino hacia la oficina a fin de rendir lo que mi salario me exige y de esa forma ganarme mi pan este día del Señor, donde no solo yo, sino también mi familia, comemos y gastamos. Ya hablaremos de ello luego.

Como no he recogido la montaña de papeles que había en mi mesa al salir a comer y como es lógico, a mi regreso están todos los que dejé, incluido ese que se había manchado de café y no sabía muy bien cómo hacer para trasladárselo a mi jefe sin que se notara que era tan desastre, pero todos ellos habían sido organizados en un nuevo orden (por tamaño, color u otra razón oscura).

Organizar todo de nuevo me supondría más de media hora de trabajo para dejarlos en el mismo orden, lógico o ilógico, pero coherente para mí y fácilmente localizable.

Lo malo no es que no haya disminuido el número de papeles sobre la mesa y, en consecuencia, el enorme trabajo que eso supone, sino que, como me ocurre un día sí y otro también, ha estado a mediodía la señora de la limpieza.

Por cierto, y hablando de horarios raros, uno de ellos es el de las señoras de la limpieza (la verdad, mucho peor que el mío), el de los conductores de autobuses, los del metro, los hospitales… Ahora que lo pienso, ¡qué cantidad de gente tiene extraños horarios de trabajo!

En cualquier caso, dada mi prolongada jornada laboral, cuando salgo no puedo ir ni a bancos ni a grandes superficies. Esto no viene al caso, pero estoy seguro de que es un castigo que nos han puesto, solicitado por los sindicatos, para que nos demos cuenta de que lo que hay que hacer es aportar riqueza desde nuestros puestos de trabajo y no consumir para de esta forma generar ahorro.

Pues bien, como venía exponiendo, la señora de la limpieza, concienzuda y esforzada, a fin de dejar mi mesa más o menos limpia, quitarle señales de café, marcas de los vasos sobre la madera… y esas señales que aparecen (a pesar de lo cuidadoso que soy) como consecuencia del trabajo, como nunca me ha dado tiempo de explicarle exactamente mi trabajo, para qué sirven los múltiples papeles que acumulo y de qué forma deben colocarse (tal vez por miedo a que me quite el trabajo y, lo que es peor, el sueldo), los coloca ella como le parece, amontonándolos como Dios le da a entender (que, sinceramente, se lo da a entender muy mal y justo de la peor manera) en una esquina de la mesa, absolutamente desordenados. Eso sí, ahora se ve gran parte de la mesa, y además limpia.

Por las tardes, tal vez porque son menos horas o porque mis compañeros en general están más cansados, las interrupciones en el trabajo son menos y se suelen limitar a un breve cuarto de hora para tomar un refresquillo y comentar cómo nos va.

Existen algunos especímenes que, alegando lo que han subido las tarifas telefónicas en los últimos tiempos, deciden realizar ciertas acciones de ahorro personal llamando por teléfono a diestro y siniestro (familiares de toda índole que siguen viviendo en el pueblo o en otras ciudades, amigos, algún rollo que otro, etc.) desde la oficina, lo que en muchas ocasiones provoca que cuando deciden volver a trabajar lo hagan con desgana y mal humor por las noticias recibidas o que se queden ensimismados pensando en algo paradisiaco si las noticias han sido buenas.

En este hábito del uso indiscriminado del teléfono para sus propios asuntos creo que se lleva la palma una chica rubia que trabaja en nuestra oficina, que sistemáticamente debe llamar a su marido para decirle siempre lo mismo, casi sin variación alguna:

—No me he olvidado de ti, mi amor… No trabajes mucho… Voy a llamar a mi madre para que cuando pase a recoger a la niña por la noche te tenga preparado el pastel de frambuesa que a ti tanto te gusta.

A continuación llama a su madre para, de nuevo con una amplia imaginación que tampoco cambia de un día a otro, preguntarle:

—¿Se ha quedado tranquila la niña en la guardería? ¿Qué te han parecido las mamás u otras abuelas que llevaban a sus amiguitas? ¿No te parece que esas niñas siempre van igual vestidas? Muchas madres no se preocupan de las hijas. No me explico cómo muchas de ellas tienen hijos…

Tras una breve interrupción porque la llama el jefe para que le entregue unos expedientes archivados (no sé cómo puede hablar con ella, ya que por teléfono es casi imposible localizarla), se pone en contacto con dos o tres amigas para poder enterarse de lo que sucede en la vida, ya que, como no para de hablar por teléfono, no le da tiempo de leer el periódico.

Con este ajetreo se le pasa la tarde sin darle tiempo para pensar y ya debe llamar de nuevo a su madre para que no se le olvide ir a recoger a la niña a la guardería, que le lleve algo para que beba y unas toallitas para limpiarle las manos y la cara, porque como vaya así de sucia a casa… ¡¿qué dirán las vecinas?!

—Y por cierto, mamá, ¿has puesto la comida que te dije? Porque ya sabes lo mal que come. Precisamente, hoy mi amiga Pilar me ha contado que ayer le sentó fatal la comida a su hija y fue porque…

Normalmente, esta media jornada finaliza una vez que se ha asegurado de que su niña ya está en casa y come más o menos bien, ayudada por sus telefónicos mimos, y llamando a su encantador marido:

—¿Cómo has pasado la primera parte de tu jornada laboral? No comas mucho, porque te puede pasar lo que te ocurrió el invierno pasado, que tuviste que hacer un severo régimen para mantener una línea que tengan que envidiar los maridos de mis amigas.

Al llegar la tarde, esta buena chica sigue su proceso de intercambio de información telefónica, que abarca desde cómo ha dormido la siesta la niña, advertir a su marido de que no llegue tarde a casa, decirle a su amiga Carlota que esta tarde antes de ir a casa, cuando tomen una copa en la terraza de ese bar tan mono que hay en la esquina del parque, le va a contar algo que se va a caer de espaldas… Así hasta que suena la campana y a toda prisa debe ir al servicio a «restaurarse» para salir del trabajo sin las huellas de la dureza del mismo.

No quiero que se me malinterprete, ya que lo de esta chica rubia de mi oficina es exactamente igual que lo del chico morenito de otra oficina cualquiera e incluso de un soldado en la centralita. Es decir, es una especie que con seguridad no puede ser considerada en extinción.

El resto de nosotros, que quien más y quien menos ha trabajado lo que ha podido, esperamos con ansia a que llegue el cuarto de hora anterior a la hora de salida para ir recogiendo nuestras cosas, comentar qué vamos a hacer después y estar dispuestos para que en cuanto suene la hora no perdamos ni un minuto en salir por la puerta, perseguidos, eso sí, por la aviesa mirada de nuestro jefecillo, que como buen pelota se queda un tiempo más para que todos sepan lo que se desvive por la empresa, de forma que le promocionarán más rápido y ganará algo más de dinero y será bastante más infeliz con su agobio de trabajo.

Todo es relativo en esta vida. A las 19:30 h de un día cualquiera es muy tarde para seguir trabajando, pero muy pronto para volver a casa.

Por ello nos aprestamos los compañeretes a acudir al bar más próximo a fin de rematar los temas de actualidad o de cotilleo que nos han quedado pendientes durante el día, naturalmente frente a una cervecita, que el camarero nos obliga a pagar con la monserga de que si no el dueño se la cobra a él.

Durante un par de horas y dos cervezas arreglamos cuantos aspectos es incapaz de abordar, y mucho menos resolver, ningún político de los muchos que se extienden por la faz de la tierra: religión, cultura, sexismo, estado del bienestar, situación de la justicia y, por supuesto, los tan debatidos, aunque siempre interesantes y nuevos, temas de fútbol y mujeres.

Cumplida esa rutinaria agenda, cada uno se dirige a su coche para hacer de nuevo la excursión de regreso a casa.

Lo del descanso del guerrero que cuentan en la televisión es una clara falacia. No haces más que llegar a casa y el comentario diario es:

—Llegas tarde. Has dejado, como siempre, la chaqueta tirada en el sofá del salón, con lo poco que cuesta dejarla en su sitio.

Sin decir nada, porque no hay excusa que nadie pueda entender, salvo los que nos vemos inmersos en estas situaciones, nos vamos al comedor por si ha habido suerte y podemos cenar. Pero resulta que todos han estado esperando ese momento de feliz descanso para saltar con fuerza sobre el pobre trabajador. Primero el niño, a quien, como ya suponíamos desde hace años, los profesores le tienen tirria porque reconocen al genio que tienen enfrente, que les humillará en cuanto tenga algo más de uso de razón, y por eso le castigan con unos problemas imposibles de resolver; no ya por lógica, que era como se resolvían antes los problemas, sino que tampoco se pueden hacer sumando con los dedos, con reglas de tres, con aproximaciones, derivadas, etc. Es simplemente por fastidiar al niño y, por sabida extensión, al padre, que de esta forma queda desprestigiado frente a su hijo, posiblemente ya para siempre.

Tras un buen rato tratando inútilmente de ayudar al chavalito, tenemos que decirle:

—Se está haciendo tarde. Hay que cenar y mañana a ver si tenemos más tiempo para poder resolver estos tediosos problemas que, además de no servir para nada, son sosos y sin argumentos lógicos, por lo que nunca se producirán en la vida real.

—¡Mañana los tengo que presentar! ¡Me van a suspender! ¡Parece mentira que no me ayudes!

Al final, por orden de su madre, recoge los cuadernos y se los lleva a su habitación, no sin antes pasar por el cuarto de baño a lavarse las manos para sentarse a la mesa a engullir la última comida del día.

Aprovechando el breve tiempo hasta que sale la sopa, empieza la niña a contar sus numerosos problemas y que también necesita que le escuche su padre para que, con su sabiduría, le dé la solución a uno de ellos, verdaderamente angustioso, que sin necesidad de preguntárselo lo cuenta inmediatamente, ya que ha estado maquinando durante toda la tarde alguna de las posibles alternativas que ahora quiere que yo le ratifique.

—Los chicos son tontos, además de brutos y animales, y no se puede jugar con ellos, pero Manolo es distinto porque es simpático, no pega a las niñas, me ayuda alguna vez llevándome la cartera y tiene otras muchas más virtudes.

—Qué suerte tienes teniendo un amigo así.

—¡Pero le gusta mucho jugar al fútbol y no lo cambia ni por estar conmigo! Y además, tranquilamente, después de acabar el partido ni se acuerda de que existo y se marcha con sus amigotes, pegando patadas a piedras, botes y cuantas cosas encuentra en su camino. ¿Será tonto?

—No, es que algunas veces los chicos hacen esas cosas, igual que las chicas jugáis a cosas diferentes, que a los chicos les parecen una tontería.

—¿Si le pegara una pedrada crees que se enteraría de que quiero estar con él? ¿O robándole el bocadillo o…? ¿Qué harías tú, papá?

—Bueno, la verdad es que es un poco complicado, pero de violencia nada. En todo caso…

Por fin llega la liberadora sopa que inicia el frugal alimento nocturno, porque es del dominio público que de grandes cenas están las sepulturas llenas, al igual que las barrigas de muchas personas que no cuidan su alimentación y hasta resultan molestas no solo para los que tienen que soportarlas, sino incluso para quien las ve (eso me reitera mi mujer).

La conversación durante la cena es de lo más simple, intrascendente y acerca de lo que yo creo que a nadie importa, pero es obligatorio contarlo a fin de hablar y hablar permanentemente durante toda la cena por aquello de que la familia que habla unida permanece unida.

Escuchando atentamente todos los argumentos conocidos, manidos y tópicos de todos, vamos deglutiendo el pescado y el arroz con leche sin que, aunque se intuya una noticia interesante en la televisión, que como música de fondo se escucha ligeramente, nadie se calle, y mucho menos si yo tengo interés en ella.

Terminada la cena y cuando ya quedan pocos minutos para que los niños al fin se vayan a la cama, nos sentamos a ver la televisión, creo que por pura rutina, ya que siempre se produce el mismo hecho: todos quieren ver un programa diferente al que realmente vale la pena, así que para hacer tiempo despliego el periódico, que me he comprado por solo un doblón y veinte céntimos (es el más barato y eso me hace olvidar su ideario), y de esa manera aguardo el momento en que disminuyen los gritos hasta que llega el silencio derivado de que los niños ya se han ido a la cama.

En general, todas las noches se producen dos o tres brotes de rebelión y se levantan de la cama, gritan o piden cualquier cosa, pero al fin, cuando ya entro en las páginas de economía, el silencio reina en la casa.

Un minuto más tarde, la pobre madre de esos dulces niños entra a la sala diciendo, sin darme tiempo a hablar siquiera, que no puede seguir así, que ni siquiera hablo y que cuando llego a casa solo veo la televisión o leo el periódico, sin importarme nada ni del trabajo que ella hace fuera de casa ni mucho menos del pluriempleo que hace en casa sin ningún reconocimiento por parte de nadie y menos por la mía.

No sé si por falta de argumento ante tan clara expresión del diario sufrimiento, que no solo a mí me afecta, o ante la imposibilidad de decir nada que pueda ganar su atención, ya que habla pero no oye (escuchar, como es lógico, mucho menos), decidimos cambiar de ambiente y salir a tomar una copa en una cafetería próxima, lo cual nos supone un incremento del coste, pero a cambio tenemos la posibilidad de charlar sobre cosas trascendentes e intrascendentes como dos seres normales, actitud que creo que nos resulta verdaderamente fácil cuando salimos del virtual campo de batalla en que hemos llegado a convertir el «hogar».

«Hogar», por cierto, que tenemos a medias con el banco, no porque nos llevemos bien con el banquero, que ha logrado situar el suyo entre los primeros del mundo, sino porque cuando uno no tiene dinero debe acudir a estos prestamistas para poder, poco a poco, a lo largo de veinte o treinta cortos años, ir pagando una pequeña propiedad que por arte de birlibirloque ha duplicado e incluso triplicado su costo por ese dichoso invento de los intereses, pero es claro que el que no tiene dinero es el que más dinero da a ganar a los prestamistas. ¡Curiosidades de la vida!

Algunas veces, a la llegada al hogar y dado que hemos podido comunicarnos como personas y… algo más, decidimos hacer uso del matrimonio, lo cual parece obligatorio para continuar en esa necesaria pero conflictiva relación que hay que mantener en pie cada día. Como es lógico, para evitar gastos mayores hay que utilizar cualquiera de los sistemas anticonceptivos que hay en el mercado, que no están incluidos en la Seguridad Social, por lo que debemos pagarlos de nuestro dinerito. Claro que esto no debemos tenerlo en cuenta en lo que respecta al ahorro, ya que en cualquier caso hay que seguir haciéndolo e incluso parece que es bueno para la salud tanto física como psíquica.

Y llega el fin de semana

Efectivamente, tras el duro trabajo de cinco días llega el sábado, y ese día y el siguiente teníamos la suerte de perder de vista ese lugar donde casi vivimos más que en nuestra casa, pero que, a pesar de lo desagradable, lo encontramos necesario para poder subsistir.

El descanso es el primer objetivo que nos marcamos para esos días y por eso estamos pensando desde el lunes cuándo llegará el día en que no tengamos que poner el despertador, poder dormir unas horas más y tomar un desayuno tranquilo y sosegado, seguido de una larga sobremesa para charlar sobre la vida en común, proyectos e incluso dónde vamos a pasar las próximas vacaciones.

Pero no suele ser así casi nunca, y si alguna vez ocurriera sería la excepción que confirmara la regla. Cuando planifico algo, sea lo que sea, afecte o no a otros, lo cierto es que casi nunca se cumple. En mi caso, y creo que en el de la mayoría de los mortales, me encuentro con el programa hecho.

Es necesario levantarse antes de las nueve porque el sábado es el único día en el que podemos hacer las compras, ya que la posibilidad de comprar los domingos en las grandes superficies han decidido nuestros amos que no puede ser más que unos pocos días al año (salvo en provincias privilegiadas).

¡¿Qué sería de nosotros sin su protección?! Me recuerda lo que nos decían los curas hace muchos años: «Santos padres tiene la Iglesia para interpretar lo que dice la Biblia». Que estuviera escrita una cosa u otra no importaba; lo que realmente quería decir es lo que ellos obligaban a interpretar.

De todos modos, esta actividad nos obliga a currar durante el sábado si queremos que la casa esté suministrada adecuadamente del avituallamiento para el desarrollo normal de la semana, además de otras cuestiones domésticas de necesario cumplimiento.

Con tan nobles fines y aun después de haber soñado toda la semana con el largo descanso del sábado, me veo obligado a levantarme a las ocho de la mañana para hacer frente a mis obligaciones familiares (que siempre nos condicionan la vida de una u otra forma).

Tras un breve desayuno me presentan una lista innumerable de cosas que hacer a lo largo del día y, sinceramente, dan ganas de que llegue el lunes para ir a trabajar, que es realmente más cómodo que pasar el fin de semana con la familia.

A las 9:30 h hay que salir corriendo para dejar al niño en un campo de deportes donde va a jugar (a veces, porque la mayor parte del tiempo se lo pasa en el banquillo) al fútbol con el equipo del colegio contra otro cualquiera de los muchos de la ciudad. El viaje es muy parecido a una excursión de histéricos:

—¡Ya te he dicho que te levantaras antes! ¡Vamos a llegar tarde!

—¡El entrenador no me va a dejar jugar por llegar tarde y tendrás tú la culpa!

—¡No corras, que con eso no vas a adelantar nada!

Y así un sinfín de exclamaciones hasta que por fin llegamos al polideportivo y el niño sale del coche corriendo como despavorido.

Yo también saldría corriendo, pero su madre se empeña en la vital necesidad de las relaciones sociales y como de vez en cuando va al colegio, no sé si a hablar con profesores y tutores o con la mayor parte de madres y padres del colectivo, se baja a dar los buenos días al personal: unos, con pinta de aburridos (y dormidos), han hecho un viaje muy similar al mío; otros con aspecto de norteamericano de vacaciones ante su deporte preferido, con camiseta, gorra y palo incluido; algunos entrenadores vocacionales, pero con poca suerte de llevar a cabo su afición al mundo profesional, dictan numerosos consejos tanto a sus hijos como al primero que encuentran, e incluso es mejor irse antes de que empiece el partido, porque dan instrucciones desde fuera del campo (y en ocasiones hasta desde dentro) de cómo debe desarrollarse el partido, ya que ni el entrenador, ni mucho menos el árbitro, dado lo bajo de la categoría, tienen ni la más remota idea de lo que supone dirigir un encuentro.

Un poco más allá se sitúan los «señoritos» (se les distingue muy bien por su impecable indumentaria y su cierto alejamiento de la plebe) y los «amigos incondicionales» de profesores y directores, miembros o no del APA (ya sé que todos lo sabemos, pero probablemente algún extranjero no: es la Asociación de Padres de Alumnos), que agradecen día tras día su esfuerzo y buen hacer en la dura tarea de la educación de los hijos, yo creo que con el mejor ánimo de hacer lo que esté en su mano para lograr unas mejores calificaciones.

Finalmente logramos salir, otra vez a toda prisa, hacia la escuela de danza, donde hay que dejar a la niña para que ese esfuerzo le sirva de apoyo para adquirir una mayor «gracia» en sus movimientos, además de formarle el cuerpo debidamente. Al llegar la situación se repite: dejamos a la niña, saludamos a algunos padres y madres… ¡Exactamente lo mismo en un escenario diferente!

Tras dejar al fin a la niña seguimos con la misma urgencia hacia el mercado, donde hay que comprar la verdura, el pescado, la carne y un largo etcétera; así que dejamos el coche en el aparcamiento del dichoso mercado, cogemos el carrito de la compra que habíamos metido en el portamaletas y emprendemos la subida con semejante artilugio hacia la planta de los puestos o bancas.

Un ambiente bullanguero se extiende por los puestos del mercado, conformando una experiencia vital en todos y cada uno de ellos. Unos gritan las excelencias de su mercancía, otros del precio y otros no se sabe muy bien qué, pero eso sí, ¡muy fuerte!

El ambiente es distendido y los dependientes, en su mayoría, se sienten obligados a piropear de una u otra manera a las señoras que les compran sus productos; unos con frases amables, otros con chistes a los que, en muchas ocasiones, no se les ve la gracia por ninguna parte y alguno que otro con verdaderas groserías que, sin embargo, las señoras «soportan», algunas con cierta sonrisa e incluso carcajadas. En absoluto se cortan porque algunos hombres vayan acompañando a sus mujeres (creo que esta sociedad está haciendo que cada vez seamos más los que nos concentramos en el mercado para cumplir con nuestras obligaciones de colaboración en la casa).

Dado que la mayoría de los alimentos comprados son sumamente perecederos (e incluso algunos pescados podríamos afirmar, sin riesgo de equivocarnos, que han perecido hace tiempo), hay que ir con rapidez a casa para meterlos en el frigorífico a fin de que puedan ser cocinados y engullidos sin demasiados problemas para la salud.

Cansado en muchas ocasiones de estas excursiones por el mercado y convencido de la magnífica idea que se me había ocurrido, me atrevo a comentar que en estos tiempos estos trabajos son innecesarios, ya que los servicios han mejorado muchísimo y con una compra de no mucho importe te lo llevan a casa sin coste añadido y mejor aún haciendo la compra por internet.

La respuesta es una serie de improperios de si yo creo que soy rico o que los pedidos por teléfono o por las páginas web de muchos de los supermercados y grandes almacenes aparecen muy bonitos, pero nada tienen que ver luego con la realidad, por lo que, además de darme una importante lección de que no se puede comprar nada sin verlo, sigue convencida de que te ponen lo peor que tienen en la tienda. Y no contenta, insiste en que, al fin y al cabo, para un pequeño trabajo que tengo que hacer me enfado sobremanera, mientras que no aprecio que ella todos los días sube mucho más cargada con las bolsas del supermercado y no se queja nunca y que siempre igual...

Finalizada la perorata, subimos de nuevo al coche, cargamos con todo lo comprado y vamos a casa, donde hay que dejar ordenadamente todo lo adquirido, lo cual parece que no sabe hacerlo nadie sino ella, por lo que deja el carro en medio de la cocina, abre la puerta del frigorífico e inmediatamente empieza a dar órdenes.

Yo, que me había sentado un momento en el sofá, acudo con prontitud, me sitúo junto al dichoso carro de la compra y empiezo a darle los paquetes, que ella va colocando convenientemente.

—¡Este no! ¿No te das cuenta de que este no necesita conservarse en el frigorífico? ¡Déjalo sobre la encimera y dame otras cosas!

Así más o menos, paquete tras paquete, hasta que finalmente unos se han metido en el frigorífico y los otros están sobre la encimera, de forma que ella, subida en un taburete, me va diciendo los paquetes que debo darle para colocarlos en los armarios altos de la cocina.

La verdad es que no soy muy torpe, pero pretender que acierte a la primera cada vez que me pide algo que debe colocar en ese armario no es fácil. Busco entre los paquetes, leo las etiquetas y finalmente, orgulloso, se lo doy, a lo que con más frecuencia de lo normal me dice que así no terminaremos nunca y me indica con paciencia cuál es el paquete que debo darle.

Luego arrastra el taburete hacia otro armario y se repite la operación, una y otra vez, hasta que se acaban todos los paquetes y al final, casi siempre, la misma frase:

—¡Es mejor que no me ayudes! ¡Me cuesta más y tardo el doble!

Este es el indicativo de que, efectivamente, ha llegado el momento de sentarme en el sofá un rato, de forma que corro hacia él y me tiro literalmente en su mullido lecho, donde de verdad me gustaría estar tiempo y tiempo. Hasta pienso que me gustaría llegar a aburrirme de estar en el sofá, porque tiene que ser de verdad divertido aburrirse un buen rato por no hacer nada.

Como decían por mi pueblo allá en tiempos lejanos, «la alegría poco dura en la casa del pobre», ya que cuando estaba a punto de cerrar un momento los ojos para descansar mejor la señora ya se había «retocado» convenientemente para dar la imagen que le corresponde ante sus colegas madres del colegio y de nuevo al ataque: debemos salir a hacer un recorrido similar al iniciado a la mañana, si bien en sentido inverso.

Recogemos a la niña, beso a las madres que quieren (por supuesto, con un casto beso en ambas mejillas y bajo la atenta mirada de todos) y doy la mano a cuantos se acercan mientras, al igual que todos los sábados, se oyen afirmaciones sobre las posibilidades de alguna de ellas para formar parte de la próxima fiesta, en la que interpretarán *El lago de los cisnes*, y quién sabe dónde podría llegar si continúa así; tal vez al ballet nacional o a cualquier compañía rusa, de esas que dan varias veces la vuelta al mundo bailando de un lado para otro para deleite y envidia de todos al tiempo que producen un enorme orgullo en sus padres, que contarán así a todo el mundo cómo la apoyaron, porque nada más nacer su madre se dio cuenta de que lo suyo era el ballet.

Es curioso que nadie diga nunca nada de la oportunidad que eso supondría para el padre o la madre de ser apoderado y llevarse el 10 por ciento de los beneficios (claro, suponiendo que sea mucho) sin casi trabajar y, dada su fama, esperando en casa a firmar los millonarios contratos. Pero si no lo dicen tal vez es porque en esto del baile no es lo mismo que en los toros, donde, según publican en los periódicos, los apoderados se ponen morados a pasta por cada «lote» de corridas que contratan para el torero.

Me da tiempo suficiente para estas reflexiones porque las conversaciones que fluyen son de una simpleza tal que no merece la pena esforzarse en oírlas (no digo escucharlas, que ya sería demasiado).

Subido de nuevo al coche, nos vamos al polideportivo a recoger al niño, que por fin había jugado cinco minutos del partido hasta que le sustituyeron, según él no porque sea malo jugando (en absoluto), sino porque sus compañeros de equipo no le echaban balones (¡si serán gilipollas!) y, claro, así no podía demostrar su juego. Por supuesto que parecía no entrar en su idea del juego correr para coger algún que otro balón quitándoselo a otro, ya que en ese caso lo haría él todo.

Tras la narración del partido por parte del niño llegan la del reportero voluntario, que lo narra con una mordacidad digna de mejor causa; y la del entrenador *in pectore*, que debe de tener razón por las muchas veces que le aconseja al técnico (profesor de educación física del colegio y que, supongo, cobrará las horas extraordinarias, porque es una pesadez después de estar toda la semana con niños volver otra vez el sábado y con cara de estar divirtiéndose encima).

Supongo que es un trabajo vocacional y debería suponer un extra para un mayor prestigio de la profesión, si bien, como le gritaban algunos padres, no tenía una técnica depurada de la ciencia del fútbol; por eso no combinaba bien la alineación, porque si hubiera hecho un 3-2-3 habría resultado perfecto para ese otro equipo que, teniendo menos calidad, se había llevado la victoria.

Yo no entiendo mucho de fútbol, pero esa táctica me parece incompleta, ya que a mí solo me suman ocho jugadores y tres de ellos en la portería me parecen muchos, además de no ser justo que los otros tres que sobran no hagan nada, como les pasa a los otros diez que hay en el banquillo y que no sé para qué les hacen madrugar a ellos y a sus padres para solo gritar y aplaudir (por supuesto, sin la brillantez de las *majorettes*).

Para celebrar que hemos consumido la mitad de la jornada del día de descanso, más que por haber ganado o perdido con deportividad, nos juntamos unos pocos padres y niños en una terraza cercana a tomar unas cervezas, colas, bolsas de patatas fritas…. Que, por cierto, no es gratis.

La conversación va por unos cauces muy similares a los de la salida de la academia de danza, pero mucho más brutos y, por supuesto, con muchas menos perspectivas artísticas del futuro de los niños futbolistas.

La conversación se centra en no más de diez o doce figuras del balompié, conocidas por todos gracias a la importante labor cultural de los medios de comunicación social, los goles que meten y la técnica que emplean o si sudan o no la camiseta.

Y fundamentalmente por la pasta que ganan, por los fichajes, las primas, etc. Aquí sí que hay representantes que ganan su buen dinerete en eso de los fichajes, que ahora se han puesto por las nubes, así que un 10 por ciento de una nube debe de ser una cantidad de varias cifras, que no me atrevo ni a pensar.

Algunos empiezan a levantarse argumentando que es muy tarde, a lo que precipitadamente otro les acompaña exclamando que ese día come en casa de la suegra y finalmente nos levantamos todos para regresar a nuestras casas y así poder comer todos en familia, que es una de las cosas más bonitas y que más ayudan a fomentar el espíritu familiar, aunque no lo parezca a simple vista.

Antes de subir al coche me acerco al kiosco de periódicos para comprar uno a la vez que, como tengo más tiempo y es imprescindible estar informado para poder ser un profesional medio, compro alguna que otra revista entre los susurros permanentes (para que no los oiga el vendedor) del derroche que supone gastarse el dinero en esas tonterías si al fin y al cabo las noticias ya las dicen en la radio a todas horas y son gratuitas y si tienes tiempo las ves en televisión, que es lo que ella hace.

El viaje de regreso a casa es algo más tranquilo y solo se ve interrumpido por un amago de pelea entre los niños, que se salda con alguna amenaza de la madre.

Como todos los sábados (¡la imaginación al poder!), no constituye sorpresa alguna la comida: de primer plato, ensaladilla rusa; y de segundo plato, filetes. Bueno, la verdad es que de postre la fruta suele variar de unos sábados a otros.

No vayan a pensar que todos estamos esperando con ansiedad esa comida, ¡qué va! Es que a la pobre señora, con todo lo que tiene que hacer por la mañana, no le da tiempo a hacer otras cosas, ya que la cocina lleva mucho tiempo.

Terminamos de comer y, dada nuestra voluntad de ayudar, llevamos los platos y los cubiertos al lavavajillas y el resto a la encimera y salimos raudos y veloces, los niños hacia la sala a ver la película de la televisión (por supuesto, la que a ellos les gusta, sin que alguna vez, y sin que sirviera de precedente, pudiéramos ver algún programa que a mí me gustara) y yo al salón a leer mis periódicos y revistas al tiempo que pongo música clásica de fondo y me sirvo una copa para conformar un ambiente agradable.

Al cabo de un buen rato sale la señora de la cocina y lamenta que tenga el vicio del alcohol, porque se empieza con una copa, luego con otra y así hasta llegar a un alto grado de alcoholismo que, acompañado de una grave cirrosis, me llevará a la tumba en no mucho tiempo.

Ella se va a echar la siesta para recuperarse del cansancio y yo me quedo unos instantes pensando en las lúgubres afirmaciones sobre la muerte, que afortunadamente duran poco. Relleno la copa y sigo leyendo, lo que me supone uno de esos pocos placeres de estar solo y relajado.

Voy a solicitar a las cadenas de televisión que, aunque haya que pagar, por supuesto, pongan las películas de un tirón, sin anuncios intercalados, ya que cada vez que llega una serie de anuncios, que son muchas, los niños, con una u otra disculpa, vienen a interrumpir mi paz.

No me da tiempo a terminar de leer lo que me había propuesto y, levantada ya de la siesta, justo cuando está finalizando la película, empieza a dar órdenes de nuevo, porque hay que prepararse y salir en un ratito para poder llevar a la niña al cumpleaños de una amiga del colegio que vive en un chalet al otro lado de la ciudad (no sé qué ocurre, pero siempre viven muy lejos).

De nuevo en el coche, nos dirigimos a casa de la amiguita al tiempo que se le instruye acerca de cómo debe comportarse. Sinceramente, no sé cómo los niños no son como santos, cuyas vidas ejemplares escriben en los libros, porque con la cantidad de consejos que se les dan de manera permanente deberían llegar a la santidad a los escasos meses de nacer.

Al dejar a la niña, por supuesto, hay que saludar a los padres mientras ella le entrega el correspondiente regalo bajo la atenta mirada de sus progenitores, que valoran de inmediato y con una pericia extrema el coste del mismo. No sé si eso dará opción a una mayor o menor cantidad de merienda a ofrecer durante la fiestecita.

A fin de aprovechar adecuadamente el tiempo que hay que esperar hasta recoger de nuevo a la niña, tenemos que ir de nuevo a comprar, en este caso a una gran superficie porque allí el papel higiénico, el detergente, el suavizante y los pañuelos de papel son más baratos y de esa forma hacemos la compra de este tipo de cosas para todo el mes.

Pero ¿y el niño? Precisamente hoy no ha podido quedar con ningún amigo y, por supuesto, no se le puede dejar solo en casa (debe de ser por el recuerdo de la película de ese nombre), así que hay que arrastrarlo de la mejor manera por nuestra errante peregrinación compradora, con gritos, lloros, cansancio, aburrimiento, alguna que otra colleja para llevarle por el buen camino… En fin, ¡toda una historia!

Además, podemos aprovechar para echar gasolina al coche, que allí también es un poco más barata (estas formas de ahorrar que con lógica no las entiende casi nadie, pero lo cierto es que todos lo hacemos). Ponemos rumbo allí, aparcamos junto a cientos de coches cuyos ocupantes han pensado lo mismo y, tras coger un carro del aparcamiento, vamos decididos a llenarlo de las cosas necesarias para vivir el resto del mes sin la obsesión de que se nos olvide algo, ya que para eso está el supermercado de al lado de casa, que también paga sus impuestos.

Aunque lo lógico sería ir directamente a coger los artículos que parecía que eran más baratos, pues no, hay que pasar por todos los pasillos a pesar de que lo lógico sería comprar en ese lugar solo los productos que están en oferta (que realmente es lo único que merece la pena si se busca un ahorro en la compra), porque el resto es más caro incluso que en el supermercado de enfrente de casa.

Ahorras en unas cosas y en otras gastas más, por lo que el resultado puede ser perdedor. Además, hay que tener mucho ojo con las aparentes ofertas porque, a pesar de los grandes carteles y su buen posicionamiento en la góndola, la verdad es que resultan más caras que en otros sitios.

Lo cierto es que hay que realizar un escrupuloso estudio de mercado y tener una prodigiosa memoria para distinguir qué artículos merece la pena comprar y cuáles están más caros que en otras dos o tres tiendas que también visitamos periódicamente y que tienen artículos parecidos o tal vez los mismos. Estos serían los factores clave para, en su conjunto, hacer una «buena compra».

En todos y cada uno de los pasillos hay cosas de mucha o alguna necesidad para la casa, los niños, la alimentación…, por lo que hay que pararse en todas partes para analizar concienzudamente la posibilidad de compra.

Como siempre, por la razón que sea, salimos de la gran superficie con el carro lleno de cosas y la tarjeta de crédito con un nuevo cargo, al que me costará algún disgusto hacer frente.

Puesto que hay cosas que no conviene dejar en el coche, pasamos a dejarlas en casa, así que de nuevo subimos al piso bolsas y bolsas, con las que se repite la escena de la mañana, pero ahora en los armarios del pasillo o del *office*. Como son altos, en esta ocasión el que tiene que subirse en el taburete soy yo y ella me va dando los paquetes y me indica en qué sitio tengo que ponerlos, no sin antes retirar los que ya había y colocarlos delante para consumirlos antes. Mientras lo hago, me insiste una y otra vez sobre la poca idea que tengo de ordenar, que me canso enseguida…

Mientras nuevamente se restaura un poco, me da tiempo de echar un traguito de cerveza y coger fuerzas de nuevo… para volver a salir.

Vamos a recoger a la niña y, mientras se despide de sus amiguitas y termina el juego al que se supone que estaban jugando, tomamos una breve copa con los padres de la cumpleañera, quienes nos hacen ver la magnífica casa que tienen, así como los detalles de valor por doquier, la piscina… En fin, todo de lo mejor, que para eso el marido es una persona importante y de éxito y no como otros…

Por fin llegamos a casa y, dada la hora que es, nos volvemos a sentar a la mesa para cenar todos juntos una ligera comida (he dicho ya eso de que de grandes cenas están las sepulturas llenas). Los niños ven otro rato la televisión y, aunque remisos (pero creo que realmente cansados), desfilan hacia la cama y nos dejan al fin tranquilos.

Aprovechando tal circunstancia, sintonizo en la televisión el programa que me apetece y comienzo a verlo con cierta satisfacción hasta que llega ella, que es la que de verdad está cansada y que nunca puede ver el programa que quiere, y no sé si por convicción o por no montar la de todos los sábados me resigno a ver lo que la señora dice hasta que, cansado y somnoliento, decido trasladarme al lecho del reposo, confiando en que todo cambiará para tranquilidad tanto mía como de toda la familia, que, aunque no lo piensen, lo necesita al menos tanto como yo.

El domingo por la mañana ya empieza a ser algo más cómodo y hasta planificado, ya que desde que tuvimos los niños y con el mayor entusiasmo posible en nuestra obligación de darles una formación en valores como nos habían dado nuestros padres a nosotros establecimos el domingo como «Día de la Familia» con el firme compromiso de dedicarles el día entero a los chavales, educándoles como mejor procediera en cada momento.

Establecimos un día completo porque pese a que, como todos los padres, les compraríamos todo tipo de juguetes (de los que ya tenemos la colección completa), pensamos que, aunque los juguetes son unas buenas herramientas para su formación, lo más importante para su desarrollo es nuestra dedicación a ellos a lo largo de su crecimiento.

En nuestra colección de juguetes ya tenemos de todo, ya que si bien empezamos, creo que como todos, con móviles musicales para sus cunas, espejos de diversas formas, conos con aros y cualquiera de los de empujar o arrastrar con los que se iniciaron en los juegos, más tarde vinieron todo tipo de pelotas, otros para separar por formas y hasta algunos mecánicos con botones y palancas, que se completaron con todo tipo de materiales para supuestos trabajos artísticos, construcción de torres, mecanos, trenes eléctricos, juegos de mesa, instrumentos musicales (además de las clásicas flautas, tenemos guardados aún dos violines y una guitarra), juegos de ciencias químicas y físicas, telescopios… y naturalmente tabletas, varios ordenadores y algún que otro teléfono móvil.

Claro que también tenemos otras obligaciones. Por ejemplo, estos años Begoña se levanta cada domingo bastante pronto y, tras las correspondientes llamadas a los niños, se van levantando con tranquilidad (mientras yo sigo en la cama, aunque por los líos, carreras, gritos y demás ruidos no pueda dormir) y al cabo de un rato vuelve el silencio. Al fin se han marchado todos.

Como tampoco la felicidad podía durar toda la vida, transcurrido un tiempo no superior a una hora vuelven de nuevo los gritos, y es que han vuelto de la sesión de catequesis para prepararlos para la primera comunión y regresan con el mismo ánimo de guerra de siempre hasta que logran sacarme de la cama.

La verdad es que la actividad dominical es muy variada: además de las sesiones de juegos de todo tipo que hacemos juntos, indudablemente se hace necesario salir (con niños, ya se sabe), pero al menos cambia de una semana a otra. No es fácil, aunque lo intento con interés, que sean admitidas mis sugerencias de lugares donde ir. Pienso que ni siquiera son oídas y cuando así sucede solo sirven para echarme en cara lo nada que sé de cómo hay que educar a los niños, los sitios que es necesario que conozcan para tener un desarrollo equilibrado y una formación integral…

Tras las reflexiones que supongo que harán durante la semana, ya que parecen estar de acuerdo casi siempre (de mejor o peor grado), nos dirigimos al zoo, a la Casa de Campo para hacer un recorrido a pie por una zona ya diseñada y llena de gente haciendo lo mismo, al parque a ver los curiosos artistas allí reunidos y estar un rato en el estanque de las barcas o a una sesión matinal de teatro, que se están poniendo de moda y que, la verdad, están muy bien, si no fuera porque están llenas de niños (y niñas, como dirían los políticos con escasa formación o aquellos que están empeñados en potenciar el feminismo desde los puntos más horteras, sin afrontar lo verdaderamente importante).

Por lo tanto, pasada la mañana mejor o peor, según los casos, y más o menos cara, regresamos a casa para, de nuevo, no llevarnos ninguna sorpresa con la comida, ya que todos los domingos hay paella, de forma que sentados todos alrededor de los granos nos disponemos a engullir cuanto podamos.

Las tardes de los domingos son mucho más tranquilas. Si se sale es para ver alguna película en la sesión de las cinco y vamos juntos a misa, por convicción religiosa y porque la familia que reza unida permanece unida. Después regresamos a casa para descansar del fin de semana y preparar adecuadamente la actividad de la semana para que comience de la mejor manera posible y sobre todo con optimismo.

Este relax es la única oportunidad que se nos ofrece para leer, escuchar música, ver algún que otro programa de televisión (siempre que obtenga el permiso correspondiente del resto de los miembros de la familia) e incluso hacer algún crucigrama.

Por supuesto, yo no voy a preparar ni pensar siquiera en lo que tendré que hacer en el trabajo a lo largo de la semana. Ya lo pensaré cuando esté en la oficina, que para eso no me pagan horas extraordinarias y, por lo tanto, estaría muy mal visto.

Por lo tanto, de manera más relajada y con unas ceremonias de cena y procedimiento de acueste de niños similares a los del día anterior nos vamos a la cama y de esta sencilla manera hemos finalizado una semana más de nuestra siempre feliz existencia.

Compras en supermercados, grandes superficies y tiendas de alimentación y para la casa

El sentido de las compras ha perdido mucho del interés inicial que tenían, cuando había que hacerlas en unas calles amplias e importantes, donde los comerciantes colocaban sus mercancías en sus laterales (algo parecido a los mercadillos actuales que siguen en vigor uno o dos días a la semana en pueblos y ciudades, pero con diferencias sustanciales).

¿Qué se vendía? Pues de todo: ropa nueva y usada, telas, animales vivos, pieles, verduras y frutas de todos los colores, carnes, pescados, panes, pasteles… También había puestos de reparación de todo tipo de cosas como zapatos, cazuelas, sillas, etc. Y sobre todo el regateo, costumbre que solo se mantiene en mercadillos de cosas usadas como el Mercado de las Pulgas, el Rastro y similares.

En las ciudades, sobre todo en las grandes, se ha perdido este tipo de mercadillos, o son escasos y de incómodo acceso, y se ha sustituido por los supermercados (que conste que no entiendo muy bien lo del nombre, porque lo de «súper» no creo que sea porque sean superiores, sino porque son más grandes que la tienda de cerca de nuestra casa o porque hacen más publicidad o vaya usted a saber, pero lo que sí es cierto es que sus pasillos sustituyen a las calles y las góndolas son los «puestos» de venta). En estos lugares ya no hay discusiones sobre los precios del kilo de garbanzos o del litro de aceite. Ya no están los propietarios; son empleados más o menos motivados que cada vez son más escasos y empieza a resultar difícil pedir información a uno de ellos sobre cualquier tipo de producto.

En las ciudades más grandes se están creando con enorme rapidez miniciudades comerciales con numerosas tiendas (muchas de ellas de marcas conocidas y de franquicias), que no se distinguen de un lugar a otro e incluso de una ciudad a otra, conformando los *mall* o centros comerciales, rodeados por todas partes por amplios aparcamientos que siempre están llenos.

Antes el ir de compras era una experiencia placentera, que definitivamente se ha sustituido por el placer de lo que compramos, tengamos o no necesidad de ello, para convertirse casi siempre en dolor de cabeza cuando llegan las cuentas.

La compra grande mensual que adquirimos en el supermercado, que constantemente hay que reponer en la tienda de abajo o en el mercado para los productos frescos, es un verdadero robo que algunos achacan a los intermediarios. Ya se sabe: al agricultor le pagan las patatas a unos pocos céntimos de doblón el kilo y a nosotros la tienda nos las cobra a un doblón o más. ¿Tanto cuestan el transporte, las comisiones, el almacenamiento y que vivan unos cuantos?

Sin embargo, se producen situaciones que no son fácilmente explicables. Por ejemplo, se están creando lugares de distribución directa de ganaderos o agricultores. ¿Creen que eso supone ahorro de dinero para el consumidor? Pues no. Lo que debe de ocurrir es que el dinero se lo reparten entre otros, pero el comprador final sigue igual. Además, si observamos atentamente los productos e ingredientes que los componen podremos comprobar en muchas ocasiones que las diferencias entre un mismo tipo de productos son mínimas y pueden ser artificiales, triviales o equivocadas por completo. Principalmente están en la publicidad de marca y, por supuesto, en el precio.

Cada vez que intento dar a mi mujer una lección de *marketing* sobre las marcas blancas, que son envasadas y producidas por los mismos fabricantes para distintas marcas y que, según su notoriedad, las venden a precios distintos, me mira sonriente y finalmente me reitera: «De esto no entiendes nada. El detergente X es muchísimo mejor, consume menos y deja la ropa más blanca». ¡Y punto!

Y ya como los niños también tienen que opinar (y no sé por qué en el colegio no les enseñan matemáticas y literatura en vez de cosas raras), empiezan a reclamar la compra de productos biológicos, que no degradan el medio ambiente porque en su cultivo no se utilizaron fertilizantes, insecticidas o fungicidas químicos.

A continuación la repipi de la niña desenfunda un ejemplo que seguro que se lo han dicho el día anterior en el colegio: a simple vista, un café convencional y un café orgánico parecen exactamente iguales; sin embargo, la diferencia principal se encuentra «en el interior» del grano, ya que el café convencional contiene residuos microscópicos de los fertilizantes e insecticidas que se utilizaron en su cultivo, lo que perjudica nuestra salud. Lo mismo ocurre con otros muchos productos orgánicos, que al haber sido producidos de manera natural, como es el caso de la leche o de las frutas y verduras, tienen un alto nivel nutritivo y nos aseguran que no estamos ingiriendo sustancias tóxicas para nuestro organismo.

Ante tan sesuda disertación, nos acercamos en primer lugar al espacio del supermercado donde se encuentran estos maravillosos y sanos productos. Tras mirar detenidamente los productos y los precios (¡asombrosamente caros!) decidimos que tal vez sea mejor comer en cantidad suficiente, aunque tenga algún que otro «residuo», que disminuir la cantidad de comida a la quinta parte, ya que esta situación nos llevaría probablemente a claras enfermedades (anemia y otras cosas peores) y, consecuentemente, nuestra esperanza de vida disminuiría considerablemente.

Pero ajustándonos estrictamente a lo necesario, todos los meses dejamos parte de nuestro salario en la gran superficie, a donde nos desplazamos con el coche vacío y la tarjeta de crédito llena para acometer la compra y regresar con el coche lleno, o no tanto, y la tarjeta vacía.

Las vacaciones

«Las vacaciones son migajas para mantener al pueblo contento. Si los anarquistas hubieran ganado no trabajaríamos más».

Vamos a definir primero qué es eso de las vacaciones, porque aunque parezca una perogrullada no es tal. Y me explico: para mí, y gracias al convenio colectivo que mis esforzados representantes sindicales, con absoluto desinterés por ellos mismos y solo pensando en la realización personal de los probos trabajadores, tengo un mes enterito al año para descansar, no hacer nada y además cobrar.

El resto de la familia tiene tres, a saber: las primeras en Navidades, durante al menos tres semanas; las segundas en Semana Santa, de unos diez días; y las terceras en el verano, de solo dos meses y medio, más o menos. ¡Y eso sin representantes sindicales, que cuando se organicen bien…!

Como podrán apreciar, las características de cada una de ellas son diferentes, así que vamos a empezar por las Navidades, que suelen dar comienzo entre el 15 y el 20 de diciembre. La casa cambia de ritmo, con un sustancial incremento del ruido y del tráfico por los pasillos, a lo que yo colaboro poco, ya que debo seguir con mi hábito laboral y, por lo tanto, todos los días, sin variación, tengo que acudir a la oficina como todos los probos trabajadores, cobrar a fin de mes y de esa forma hacer frente a los gastos, algo más elevados en estas fechas, que me son exigidos.

En esos días se aprovecha para ir de compras por varias tiendas para montar dignamente el nacimiento y el árbol de Navidad, así como adquirir los correspondientes regalos, tanto del día 24 de diciembre como del día 6 de enero, porque para eso somos multicreyentes tanto en Papá Noel como en los Reyes Magos. ¡El derroche es mayúsculo!

Cuando ya está toda la casa adornada, y con las correspondientes quejas por mi poca colaboración (porque ignoran despectivamente que yo tengo que seguir trabajando y que no puedo dejarlo cuando quiero) y otra serie de argumentos de una aplastante razón, empiezan a preparar las maletas, porque el día 24 hay que ir a casa de los abuelos para pasar con ellos las Navidades. Y me pregunto yo: si nos vamos a pasar las Navidades fuera, ¿para qué adornamos la casa como si del carnaval de Río se tratara?

El hecho es que el día 24 de diciembre nos subimos al coche y nos vamos para pasar unos días con los abuelos, tíos, primos y demás familia, que, aunque no sea mucha en términos numéricos, es excesiva por lo insoportables que se ponen casi todos ellos.

Desde el comienzo de la cena, para tomar más cuerpo en los postres, turrones y copas, cada tribu familiar canta las excelencias de su existencia en contraposición a la de los otros que allí estamos y, por supuesto, siempre tienen razón: ¡los mejores siempre son ellos!

Pasan unas interminables horas, porque en Nochebuena es imprescindible aguantar mucho tiempo charlando, aunque sea insultándose, para de esta forma ser más felices. Los que se acuestan poco más tarde de las doce, además de no ir a la misa del gallo, no se han divertido nada, o al menos eso nos comentan todos.

Al cabo de un tiempo los numerosos niños de las diferentes proles empiezan a incordiar, seguramente por el sueño, lo que supone un nuevo tema de conversación sobre lo mal educados que están todos los niños, menos los de ellos, que, aunque no son una bendición, superan ampliamente a todos los demás en educación y buenas maneras, sobre todo a los nuestros.

La comida del día siguiente no tiene por qué ser de manera diferente. La situación se repite, pero con los miembros de otra familia. Tal vez sería mejor que los matrimonios fueran todos de la misma familia porque de esa manera se evitarían las discusiones de quién es mejor y quién peor; todos con los mismos inmejorables padres y sus impecables costumbres, todos con los mismos inteligentes y trabajadores hermanos y hasta, si me apuran, con los mismos hijos, tan listos y guapos ellos.

Claro que si evitáramos las comparaciones y las discusiones no sé muy bien de qué se iba a hablar, porque parecen mentira las diferencias que a lo largo de los años se producen en la forma de ser y los intereses distintos de unos a otros, y poco más se hace que unirse contra el ajeno y su familia, que en eso sí están siempre unidos como los mosqueteros o los legionarios.

En una y otra casa hay que intercambiar regalos, como es propio de estas fechas. Además del gasto que producen, hay que soportar las discusiones, con o sin palabras (¡un gesto vale más que mil palabras!), de la sublime intuición del coste de los mismos: si estiman que los nuestros son más baratos somos unos cutres y si entienden que son más caros somos unos fantasmas. ¡Y así igual año tras año!

Como comentaba antes, me veo obligado a dejar a mi encantadora familia para echarme en brazos de mi agotador trabajo, de forma que tras comer el día de Navidad me voy a casa, dejando a mi mujer y mis niños allí con la encantadora familia (incluida la suegra).

Al llegar a nuestra solitaria casa le echo un vistazo de satisfacción y a toda velocidad enciendo simultáneamente la televisión con un programa cualquiera, pongo la música y me tumbo en el sofá mientras me tomo la copa que me acabo de servir y fumo un cigarrillo paseando por la casa y hasta por las habitaciones, sitios absolutamente prohibidos. ¡Esto sí que son vacaciones y merece la pena!

Tras comer algo del frigorífico para seguir haciendo lo que me da la gana, veo incluso una de esas películas de madrugada, sentado en el sofá con los pies encima de la mesa. Por la falta de costumbre, antes de que se acabe la película me invade el sueño, unido a un placentero cansancio que me aconseja ir a la cama a dormir pacíficamente, sin un simple ruido más que los que provienen de la calle derivados del tráfico, de algún muchachito (inexperto casi siempre) que se cree un ejemplar único y derrapa con el coche o pega enormes acelerones con su potente moto.

A la mañana siguiente, tras un serio esfuerzo por levantarme, desayuno en el bar, debajo de casa, y voy rápido a la oficina, a la que inevitablemente llego algo más tarde de lo normal. En cualquier caso, no por ello disminuye mucho mi productividad, porque la mayoría de mis compañeros han tenido unas experiencias similares, incluso los que tienen la familia en la misma ciudad, y los comentarios sobre las respectivas familias ocupan prácticamente toda la jornada laboral.

Los restaurantes donde habitualmente comemos están algo más vacíos que de costumbre debido a que algunos privilegiados se toman unos días de vacaciones con su familia en estas fechas, pero la comida más o menos es la misma y las costumbres diarias no las perdemos.

Sin embargo, tras finalizar la jornada es cuando realmente se nota que de verdad estamos de vacaciones: las cervezas que tomamos al salir antes de ir a casa son mucho más relajadas para aquellos a los que nos han dejado solos (¡pobrecillos!), por lo que con toda tranquilidad nos tomamos alguna que otra cerveza más y vamos a casa cuando nos da la gana y, sobre todo, sin la amenaza de bronca que pende a diario sobre nuestras acciones.

Algún que otro día nos quedamos a cenar en algún sencillo restaurante de barrio, para que no nos salga excesivamente caro, y después nos sentamos en alguna cafetería de moda a charlar tranquilamente de fútbol, esquí… y hasta de mujeres. Con toda tranquilidad y a la hora que queremos regresamos a nuestra casa y, aunque nos hayamos tomado alguna copilla de más, nunca pasa nada.

Al día siguiente, con un poco de dolor de cabeza y un sueño que disminuye algo nuestra capacidad de trabajo, empiezo a tener algún remordimiento por la pasta que me gasté la noche anterior, así que llamo a mi familia para saber cómo están.

Tras comprobar que, efectivamente, están todos vivos se inicia un largo monólogo de consejos sobre lo que debo y no debo hacer hasta tener un sincero arrepentimiento de haber llamado.

En cualquier caso, y a fin de equilibrar mi deteriorada economía, junto con el remordimiento, me paso por el supermercado a comprar algunas latas, algo de embutido, pan y para que no se note que han saqueado la casa compro una botella de *whisky*, que al fin y al cabo me cobran por ella lo mismo que en la cafetería de la noche pasada por cada una de las copas.

Pertrechado con tal alijo subo a casa, pongo todo ello encima de la mesa de la sala, enciendo la televisión y a comer alegremente el festín sin que nadie me moleste, proteste y ni tan siquiera haga ruido.

La verdad es que pasados unos días empieza a ser aburrida la falta de ruidos, quejas y broncas, tal vez porque ser masoquista forma parte de mi personalidad, y empiezo a sentirme solo y aburrido esperando a que llegue ya el día 31 para ir a reunirme con la familia, a la que al fin y al cabo, al parecer, no sé si por cariño o por hábito, estoy condenado.

La verdad es que al llegar y verles siento una verdadera alegría, nos vamos juntos a tomar algo por ahí y nos sentamos en una cafetería, en la que me empiezan (y no acaban) a contar historietas más o menos divertidas sobre lo que han hecho y sobre la vida y milagros de casi todos los miembros de la familia con los que han compartido esos días.

Esa noche se monta otra cena familiar para celebrar el fin de año y al día siguiente, otra comida de similares características para repetir, con ligeras variaciones, lo mismo que el día de Navidad.

También esa noche hay que acostarse tarde, divertirse obligatoriamente y cantar o bailar (o ambas cosas) hasta lo más tarde posible. Y mejor aún si antes de acostarnos pasamos de madrugada a tomar un chocolate con churros y así dormir cuando la luz del día ya permite distinguir a los vecinos de la familia, que con toda dignidad dan los buenos días procurando, como nosotros, mantenerse dignos y derechos para que no tengan luego que decir que nos fuimos a la cama borrachos como cubas y que si esto hacen en los pocos días que están aquí con sus familiares, ¿qué harán donde viven?

Pasados esos días de descanso, regresamos de nuevo a nuestra casa, pero ahora todos juntos, y así volvemos de nuevo a los ruidos incontrolados de esta época de vacaciones escolares.

Hay que hacer una nueva excepción, la víspera del día de los Reyes Magos, que también hay que quedarse hasta muy tarde para que no se enfaden dichos señores y permanecer con los ojos muy abiertos, no sea que por algún motivo no puedan abrir las ventanas para dejar los regalos y haya que ayudarles para que los depositen cuidadosamente en el pasillo, junto a los lustrosos zapatos.

Los pobres niños solo disponen de otro día más para jugar con sus nuevos juguetes, porque el Ministerio de Educación, para fortalecer su espíritu a base de sacrificios, les obliga a ir de nuevo a educarse lo mejor posible y así ser el día de mañana hombres y mujeres de provecho.

Pasado ese día, todos volvemos a nuestra actividad diaria y todo sigue su rumbo con la misma normalidad de siempre, donde alguna variación en las costumbres diarias podría afectar seriamente a nuestro organismo y, seguro, a la estabilidad de la vida familiar.

Transcurren unos meses y llegan (para ellos, claro está) unas nuevas vacaciones. Ahora son las de Semana Santa, que con la modificación de las fechas en las que caen obligan a pensar más seriamente cómo se deben pasar. Si es a finales de marzo debemos ir, como la mayoría de los amigos de los niños, a esquiar, aunque sea a alguna estación cercana para que nos salga más barato y olvidarnos de las estaciones mucho más caras de los países más próximos, donde alternan las élites.

Esta situación me obliga a pedir unos días de vacaciones a cuenta de los treinta a los que tengo derecho. Tras dos o tres días desde el inicio de la Semana Santa, en que ellos ya tienen vacaciones, preparan todos los trastos necesarios y cuando salimos da la sensación de que vamos a pasar seis meses a la Antártida.

Al fin salimos con el coche repleto de cachivaches de todo tipo, además de las correspondientes cadenas para las ruedas, que cada año tenemos que comprar, porque no sé si se pierden en el trastero, nos las dejamos en alguna parte o simplemente nos las «roban» junto con las herramientas, que siempre cuando por alguna razón las necesitamos han desaparecido. Igual ocurre con la caja de lámparas de repuesto, que siempre está vacía o las lámparas fundidas; y con los correspondientes fusibles, que son de intensidad distinta a los fundidos en ese momento.

Con bastante frío, agudizado porque de vez en cuando hay que abrir la ventanilla para que la niña no se maree, o bien para que me despeje yo, que argumentan verme cara de cansado y que me va a entrar el sueño (lo que me entran son los síntomas de una pulmonía doble), hacemos la travesía hasta la estación que en cada ocasión podemos elegir en función de si hay o no plazas, del precio, de la distancia…

Descargar el coche es una nueva odisea. Mientras organizan dónde conviene que vaya cada cosa, cargamos con ello los chicos y yo, al igual que nos tocó bajarlo al coche.

Además, no sé si porque ya no se encuentran en los hoteles botones que te subían las maletas o porque hemos bajado el número de estrellas del hotel elegido para pagar lo menos posible, realizamos varios viajes del coche a las habitaciones y de las habitaciones al coche hasta que subimos todo y, próximos a la extenuación, todavía debemos hacer una serie de cambios de unas cuantas bolsas de una habitación a otra.

Tras una escasa y mala cena (en la que no me han dejado tomar ni vino porque no entraba en el menú y había que pagarlo aparte), nos vamos a la cama para descansar y estar preparados al día siguiente para empezar nuestro arriesgado deporte.

En pijama y tumbado ya en la cama, tras haberme despedido cuatro veces de los niños, soy requerido de nuevo para que vaya a comprobar que, efectivamente, están dormidos.

Como no hay *suites* en ese hotel, con lo que hubiera resultado más fácil, debo salir de la habitación con un duplicado de la llave que, por si acaso, habíamos pedido de la habitación de los chavales y, tras mirar a uno y otro lado por si me veía alguien de tal guisa, salgo corriendo, abro la puerta con mucho cuidado y les conmino a que dejen de hablar y duerman de una vez.

Al regresar a mi habitación, con el mismo sigilo que a la ida, voy despacio los pocos metros de pasillo que separan las habitaciones y cuando estoy introduciendo la llave en la cerradura una señora mayor y otra más joven que la acompañaba, que iban hacia la suya, me miran sorprendidas en parte y con una sonrisa de complicidad por otra, creyendo con absoluta seguridad todo lo contrario de lo que realmente era. Y claro, no era el momento de explicarles la realidad.

Durante los días siguientes, siempre que nos cruzábamos con esas señoras (por supuesto, sin dirigirnos palabra alguna) me daba la sensación de que miraban a mi familia como con cara de pena, pensando en lo golfo que era. O tal vez me miraban a mí preguntándose cómo, siendo un tipo más bien bajito, gordo y feo, podía tener un ligue en el mismo hotel.

Al día siguiente y después de comprar los *transfer* y alguna de las cosas que incomprensiblemente se nos habían olvidado (guantes, gafas, etc.) empieza la verdadera odisea de consejos, caídas, monitores, descansos, comidas de escasa calidad, pocas copas, agujetas en todo el cuerpo…

Naturalmente, con la cantidad de tiempo que estábamos en el bar del albergue, se acaba hablando con cualquiera de los que en la misma situación pasan allí también unos días y empiezan a contarte las muchas estaciones de esquí a las que van a lo largo del año, su prodigiosa habilidad en el deporte, las veces que se han quedado atrapados por la nieve y, con un coraje de verdaderos héroes de película, han sobrevivido a cuantos peligros les acechaban…

Aburrido de tantas tonterías como día tras día contaban, hacía intentos de marcharme, aunque fuera a la cama con la excusa de mi jaqueca o el dolor del tobillo que había empezado como consecuencia de la caída de esa mañana, pero el resultado era siempre el mismo: recibía una fuerte aunque discreta patada en la espinilla y más tarde, cuando estábamos solos, una enorme bronca sobre mi incapacidad de relación social y lo necesario que es hablar con todo el mundo porque de todos se aprende.

—¡Claro, así no tenemos amigos! Es que eres imposible de aguantar y por eso siempre tenemos que estar solos.

Pasados los siete días, que a partir del tercero se me hacen más largos que un día sin pan (eso decían mis ancestros), al fin llega el día del regreso a casa.

Con muchas más ganas empiezo a bajar el equipaje y a ordenarlo en el coche lo mejor que puedo mientras el resto de la familia se dedica a intercambiar números de teléfono, direcciones y planes conjuntos para próximas fechas (bien en la ciudad o en cualquier otro sitio) y, por supuesto, para la próxima vez que vayamos a disfrutar de nuestra común afición por el esquí.

Este agobio se ve recompensado cuando al día siguiente por la mañana, pronto, tengo que ir a trabajar. ¡Por fin la vida normal!

Esta paz y tranquilidad me recuerda unas botas que tuvimos que comprarle al niño porque se empeñó en que todos las tenían, menos él…, y al final cedimos y le compramos unas enormes botas, que juró que se las pondría en verano y en invierno. Vamos, que serían para él como una segunda piel en los últimos veinte centímetros de sus piernas.

Observaba algunas noches que, cuando en su vida se había quitado los zapatos por libre voluntad sino a la fuerza, porque le obligaba su madre a ponerse las zapatillas de casa, esas botas se las quitaba enseguida. Al preguntarle si le estaban bien las botas me dijo:

—Claro que sí. ¡No te puedes imaginar la satisfacción que me produce quitármelas!

Cuando las vacaciones de Semana Santa caían en el mes de abril la duda estaba en si había que salir a la playa o a la montaña, que, aunque no le apetecía a nadie, era fundamental para la salud de los niños. Acudíamos varios sábados a diferentes agencias de viajes para encontrar la mejor oferta y que al mismo tiempo nos gustase a todos.

También contemplábamos la posibilidad de quedarnos en la ciudad y hacer excursiones diarias para conocer los alrededores, que nunca teníamos ocasión de conocer y, sin embargo, nos íbamos a sitios mucho más lejanos.

Al final la decisión era casi siempre ir una semana a un apartamento, apartotel u hotel en alguna playa del sur, donde ya las temperaturas te permiten pensar en las largas vacaciones veraniegas al tiempo que se coge un poco de color para estar más guapos, poder contar a todos que hemos estado de vacaciones, etc.

La verdad es que yo las prefiero a las del esquí porque, aunque el cargamento que hay que llevar más se parece a lo requerido para un safari de larga duración que para estar solo una semana, el tiempo es mucho mejor: se puede pasear, comer pescadito frito y un sinfín de peces de allí mismo, de todo tipo y forma, que más frescos no pueden estar (la mayoría los traen del mayorista de esos «Mercas» que traen los pescados de todas partes del mundo, menos de allí), pero la verdad es que el ambiente y el vinillo hacen que, efectivamente, tengan otro sabor.

Al tener mucho menos espacio en el apartamento estamos casi todo el día fuera, por lo que las fieras están mucho más tranquilas y, consecuentemente, me dejan mucho más tranquilo a mí.

La gente es muy por el estilo de la de la montaña: está el experto pescador (un día uno de ellos compró a un pescador del pueblo unos cuantos peces para, unas horas más tarde, obsequiarnos a nosotros y decirnos que con todo lo que había pescado le sobraban, como de costumbre, y los tenía que tirar), el nadador prodigioso, el que mejor domina la vela… Por supuesto, se repite la historia (que no voy a contarles de nuevo) del último día, con el intercambio de números de teléfonos, direcciones… ¡Igual que siempre!

Muchas veces me pregunto qué harán con tal cúmulo de direcciones año tras año. Yo creo que, aunque no me lo dicen para que no me sirva de satisfacción, en cuanto subimos al coche las tiran con todo cuidado.

Y por fin otra vez a trabajar. Parece mentira, aunque muchos de ustedes estoy seguro de que han sentido en más de una ocasión esa sensación, que volver a trabajar nos produzca un presagio de seguridad y hasta diría yo de libertad.

A los pocos días de regresar a casa tenemos que empezar a pensar en las verdaderas vacaciones, las del auténtico veraneo: nuevas visitas a agencias de viajes, llamadas telefónicas a todas las ofertas de los periódicos y conectase a internet durante horas y horas para ver las mejores ofertas, e incluso auténticas oportunidades, que siempre se acaban unos instantes antes de llamar yo por teléfono, mandar el correo electrónico o realizar la operación de compra *online*.

Luego hacemos caso de las recomendaciones de los amigos e *influencers*, pero nos encontramos con verdaderas dificultades para casi todos los destinos durante el mes de agosto, mes en que casi todos queremos o tenemos que tomar las vacaciones y, consecuentemente, por la inexorable ley de la oferta y la demanda, los precios son los más caros.

Recuerdo que un amigo me decía, seguramente con mucha razón, que tener coche y coger las vacaciones en agosto es de pobres. Debe de ser así, porque los ricos, que son mucho más listos, gastan mucho menos dinero que los pobres.

Para ilustrar esta extraña afirmación les diré que en cierta ocasión viajé con el director de la empresa, un señor forrado de pasta (no por la empresa, sino por lo que había heredado; porque la verdad es que cualquier empresario de pequeña o mediana empresa se acerca más a la pobreza que a la riqueza y, aun cuando gana algún dinero, lo tiene que guardar para poder perderlo cuando las cosas le vayan mal). Íbamos a un lejano país de otro continente y cuando pasaba la encantadora azafata le pedí amablemente un *whisky*, ingenuo exceso que me fue echado en cara por don Patricio, que me sugirió que en adelante no pidiera nunca bebidas alcohólicas y solicitara las que no tenían alcohol, que eran gratis.

En principio me pareció de una enorme cutrez y así se lo conté a muchos, pero a medida que pasaba el tiempo iba sacando las importantes conclusiones de la excelente lección que me dio; porque observen el hecho de que los pobres casi siempre gastamos más que los ricos e incluso dejamos más propinas, excepto en las películas y los de la *jet set* cuando les graban en televisión. Además, en muchas películas he visto que ni siquiera pagan; solo por ser famosos, guapos y algo más todo se lo dan gustosamente por el morro.

Otra cuestión que considerar es lo que Hacienda llama signos externos de lujo, como, por ejemplo, el coche. Calcule simplemente lo que le cuesta un coche (es lo mismo que lo haga con o sin intereses; eso sí, con todos los impuestos y matriculación) y lo que podría sacar, por ejemplo, en la bolsa, en «ladrillos» o coleccionando arte con esa pasta.

Pero no se detenga. Siga, siga sumando: debe pagar el seguro, el impuesto municipal, cambiarle el aceite, pagar una plaza de garaje, cambiar neumáticos, piezas… Más, por supuesto, la gasolina y las correspondientes multas; lo que, por cierto, con eso de que ahora hay que pagar casi todas, porque te embargan hasta la cuenta corriente (para la inmensa mayoría, que ve cómo el coche le come, doblón tras doblón, sus escasos ingresos), nos conduce directamente a la ruina.

Yo conozco a más de un rico que no tiene coche y le sale mucho más barato viajar en avión, tomar taxis e ir en tren en sus desplazamientos tanto dentro como fuera de la ciudad y, efectivamente, se gasta menos que yo con mi grande y viejo coche.

Por supuesto, los ricos pueden elegir mejor la fecha de sus vacaciones, por lo que en lugar de tomárselas en agosto, como hacemos todos los demás, las cogen, por ejemplo, en septiembre, mes en el que los precios de hoteles, apartamentos y viajes organizados son considerablemente más baratos. Por estos motivos ahorran más al gastar menos y se hacen cada vez más ricos. Es una norma que parece verdaderamente fácil de llevar a cabo.

Volviendo a mi ordenada vida, buscamos la mejor solución para nuestro descanso y nuestro presupuesto y casi siempre optamos por alquilar un apartamento durante la primera quincena, estar una semana con la familia a fin de mantener esos fundamentales lazos y pasar los últimos días en casa para prepararse adecuadamente de nuevo para el trabajo.

A fin de que disfrutemos casi con seguridad de calor y sol durante los quince días y de que el agua no esté como para refrescar gaseosas, elegimos algún lugar en la costa mediterránea, al igual que cientos y miles de personas como nosotros.

Esta coincidencia en nuestros gustos con mucha otra gente tiene serias y graves consecuencias, de las que empezamos a darnos cuenta desde el mismo momento del inicio de las vacaciones.

El día primero de agosto, cuando ya podemos hacer uso del apartamento, nos pegamos una madrugada, que más bien parece una trasnochada, para no solo llegar cuanto antes a la playa, sino para salir antes de que se levanten los demás y que podamos disfrutar de un viaje tranquilo.

Lo malo es que lo mismo que pensamos nosotros lo piensa la mayoría de la gente, por lo que nada más salir de casa, a las cinco de la madrugada, vemos cómo coches y más coches se lanzan hacia la misma carretera que nosotros, todos cargados con bultos, niños, mayores, algún que otro perro, etc.

De esta forma, la caravana está asegurada desde la misma salida de la ciudad y un viaje que debería durar no más de cuatro o cinco horas se convierte en una peregrinación de diez o doce horas, acosado además por el resto de los pasajeros del coche, que de una u otra forma siempre te acusan de ponerte en la fila de los tontos, porque casi todos los demás avanzan mucho más rápido que nosotros. Y es lo mismo si me sitúo en el carril de la derecha o de la izquierda: el resultado para ellos es siempre el mismo.

Además, de vez en cuando hay que parar para que hagan sus necesidades, que coman un bocadillo porque están desfallecidos o para tomarse un refresco. Tras parar por obligación, encima hay que soportar que, una vez entrados ya en la carretera, vuelvan a decir:

—¡Jo, a ese camión le habíamos adelantado hace una hora! ¡Otra vez a ir detrás de él otro cuarto de hora!

—¿Cuándo vamos a llegar?

Por suerte, no formamos parte de esas tétricas estadísticas y hasta ahora hemos llegado siempre a nuestro destino veraniego (toco la madera sin patas en la que tengo apoyado el ordenador portátil que me hace de fiel servidor para poder transmitirles esta filosofía de vida). Tras buscar la agencia que tiene las llaves de nuestro apartamento, lo localizamos como podemos, subimos todos los trastos y ¡hala!, a iniciar las vacaciones.

Nada más entrar en el apartamento comienzan los «problemillas». Todos me miran a mí con la convicción de la clara culpabilidad mientras me hablan casi todos a la vez:

—Este apartamento casi no tiene muebles. ¿Cómo vamos a vivir quince días así?
—No tiene televisión. De esta forma no nos podemos quedar.
—Faltan dos juegos de sábanas y toallas de baño.
—Yo quiero otras llaves para mí.
—Este frigorífico no está limpio.
—Faltan tres bombillas.
—¿Con qué vamos a abrir las latas?

Y así una interminable lista de aspectos de aquello de lo que adolece el apartamento, que les aseguro que casi todos se los había dicho ya a la agencia y me habían tranquilizado, asegurándome que estaría absolutamente todo en perfecto estado.

Con tan complejo encargo regreso de nuevo a la agencia para solucionar los enojosos asuntos. Me dan unos juegos de sábanas, unas toallas y otras llaves y me aseguran que pasarán al día siguiente para arreglar el resto de las cosas. El televisor, si quiero, no está incluido en el precio, por lo que me pueden hacer el favor de llamar por teléfono a una casa que ellos conocen y es de confianza, pero lo tendré que abonar aparte.

Con el mejor ánimo que puedo regreso al apartamento, explicándoles que he resuelto una parte y que el resto nos lo resolverán mañana.

Después de escuchar que mejor hubiera sido que me hubiera quedado yo en la terraza, que ellos lo hubieran resuelto mucho mejor, nos cambiamos de ropa y puesto que ya no nos daba tiempo de ir a comprar al supermercado (y ni siquiera sabíamos dónde estaba), se decidió ir a cenar a un restaurante.

En estos casos es cuando se pueden apreciar las enormes diferencias. Mientras que, como ya les he contado, cuando por trabajo debo comer fuera de casa busco afanosamente un restaurante con un menú del día baratito, pues ahora la familia decide que eso es vergonzoso; que para una vez que les «invito» a un restaurante siempre quiero ir a los peores y más baratos, solo por ahorrar cuando voy con ellos, mientras que yo me gasto el dinero en copas con los amigotes.

Por lo tanto, vamos a un restaurante con «buena pinta», según ellos, y con «pinta de caro», según mi perspectiva, y nos sentamos a iniciar la primera cena de vacaciones.

El camarero no parece recién incorporado de una escuela de hostelería de Suiza ni mucho menos y nos suelta una carta en la que, además de no aparecer por ningún lado ni el menú del día ni el menú turístico, los platos tienen unos precios más propios de un restaurante de lujo que de uno de playa.

Ante mi pregunta de si había menú turístico, el hombre me mira con una mezcla de tristeza y desprecio mientras de forma displicente me dice:

—No, señor. Por las noches no hay menú turístico y, por cierto, tampoco servimos medias raciones o cosas por el estilo.

Parece que me había adivinado el pensamiento aquel camarero, aunque no parecía su profesión habitual y, por lo tanto, no le había dado tiempo a aprender esa esencial psicología profesional que adquieren muchos de ellos, que con sus sugerencias y buenos modos te recomiendan lo más caro y aquellos alimentos que deben consumirse cuanto antes porque de otro modo habría que tirarlos irremediablemente.

Finalmente, y dando la sensación de que todos pedían los platos sin mirar lo que eran, sino simplemente eligiendo solo por el precio (por supuesto, el más caro), pedimos la cena, compuesta de tres platos cada uno (en casa con lo de uno comíamos tres), además de un aperitivo y, por supuesto, algo de picar antes de esas cosas tan caras y tan típicas de los sitios de playa que están todas recién pescadas y que así no se comen en la ciudad.

Empezamos bien las vacaciones; en este acto se nos ha ido ya una cuarta parte del presupuesto que había previsto para todas las vacaciones veraniegas.

Regresamos hacia el apartamento, pero antes, y ya que un día es un día y todos esos argumentos de peso, nos sentamos en una terraza para disfrutar del buen tiempo y de la brisa del mar para tomar un helado. Por cierto, bastante caros, aspecto que parece no importarle absolutamente a nadie, ya que todas las terrazas están totalmente llenas.

Por fin nos vamos a dormir para descansar de un día tan ajetreado e iniciar descansados las vacaciones.

Podría ser un descanso total, pero el calor, la humedad y la ausencia de aire acondicionado hacen todo lo posible para que duermas de mala manera y te despiertes con frecuencia por el ruido de las motocicletas pilotadas por los niñatos de veraneo y por los ruidos de gente que no tiene prisa por irse a la cama por las noches y de aquellos otros que desde primeras horas de la mañana tienen que ir a trabajar y, por supuesto, para que nos enteremos todos de su desgracia, levantan la voz y hacen el mayor ruido posible a fin de molestar lo que puedan.

A la mañana siguiente nos disponemos a ir a la playa ya desde muy temprano, pero no podemos desayunar en casa porque todavía no hemos comprado nada, así que nos vamos al hipermercado para hacer acopio de los víveres pertinentes para aguantar la quincena. De paso para el híper nos detenemos en una chocolatería, donde desayunamos tranquilamente en la terraza y una vez satisfechos entramos a realizar la compra.

¡Ni que fuéramos a vivir en ese apartamento para toda la vida! La lista de la compra era interminable: aceite, vinagre, azúcar, sal, detergente, refrescos, distintos tipos de papeles necesarios para mesas, cocina, baños, etc., leche, huevos, arroz, embutidos, vino… y una interminable lista que al final recogemos en dos carros. Al parecer, todo es explicable, ya que los pobrecillos solo ganan en estos meses de verano, así que tienen que cobrar mucho para poder vivir todo el año.

Terminada la compra, arrastrada hasta el apartamento y convenientemente distribuida, nos vamos a la playa. Eso sí, cargados como burros con sombrillas, sillas, toallas, sombreros, libros y todo lo que no se utiliza. Una vez llegados a las proximidades de la orilla y tras buscar durante un buen rato un lugar (no demasiado grande, por supuesto, sino uno donde consigamos poder posar nuestras cosas), al final lo hallamos providencialmente entre otras cuatro familias más o menos parecidas a nosotros.

La verdad es que en la playa todo el mundo parece por el estilo, ya que ni siquiera la marca de los trajes de baño nos distingue, y mucho menos ahora que se han extendido de tal manera las falsificaciones.

A los quince minutos de estar sentado sin hacer nada, soportando un calor digno de cualquier trabajo de explorador en el desierto, limpiándome de vez en cuando la arena que me echan en los ojos cuando pasan niños y mayores, decido pasear por la orilla de la playa, pero entre las salpicaduras de los niños que corren, los pelotazos de los encantadores jugadores y que ya empiezo a sentir que el sol me quema, decido ir al chiringuito de enfrente a tomar una cervecita a la sombra.

Tras escuchar una serie de improperios sobre no saber estar en ningún sitio, no atender a los niños y despilfarrar el dinero en los bares, me arrastro hasta el bar y con la cerveza bien fría y el periódico la situación se acerca casi al disfrute real de unas auténticas vacaciones. Aunque varias veces interrumpido por lo niños, que quieren agua, aceitunas, Coca-Cola, etc., paso casi una hora de felicidad.

Tras señas reiteradas me acerco a la sombrilla, porque se había decidido la vuelta a casa. Así que ¡hala!, a recoger todo, volver a cargar como un estibador y otra vez de camino al apartamento.

Duchas por turnos porque solo hay un baño, pon la mesa, ayuda en lo que te mandan y por fin a comer. Pero Begoña no debía dedicar su tiempo, que para ella también es de vacaciones, a estar en la cocina, así que estaba decidido: poner la misma comida todos los días. Ensalada, filetes y fruta, ya sin variación hasta el final de las vacaciones.

Una ruidosa siesta nos ayuda a hacer la digestión; algo de lectura y perder el tiempo en lo que sea hasta que refresque un poco para salir de nuevo a la calle.

Vamos paseando, también todos los días, hasta una pescadería en el entorno del puerto que tiene el pescado recién traído, se supone que uno a uno y en limusina por los precios que tienen. ¡Qué barbaridad!

Pero parece que el comer pescado fresco es solo para ricos, o bien para pobres en vacaciones y así ser más pobres.

Tras parar y mirar en los múltiples puestos callejeros de todo tipo de cosas (ropas, calzado, baratijas, artículos de playa y un sinfín de artilugios que no sirven para nada), dejamos el pescado en casa.

Muchas de las cosas compradas en el mercadillo como imprescindibles para la estancia en la playa a los pocos días se tiran con mucho cuidado, o bien, si tienen un uso más duradero, se quedan en el apartamento cuando nos vamos.

La variación en la tarde-noche está en si salimos a tomar algo en una terraza antes o después de cenar. Por cierto, en la cena la única variación es el tipo de pescado (siempre frito, porque para comerlo de otro modo ya lo hacemos todo el año, que tenemos más tiempo para cocinar) y, por supuesto, una ensalada, que es muy necesaria para la salud.

Debe de ser por esto de la dieta que nos vemos obligados a soportar, y no creo que por el escaso ejercicio que hacemos, que adelgazamos unos kilitos, lo que, por supuesto, es atribuido al descanso, los alimentos, la vida sana y alguna que otra historia más.

Así día tras día, excepto el viernes, que hay mercadillo en el pueblo. Nos levantamos pronto y con paciencia de orientales transitamos con dificultad por las calles repletas de puestos, cuyos propietarios gritan las bondades de sus productos sin que, estoy seguro, nadie se entere de nada.

A veces hay que realizar un arduo trabajo, pues para encontrar verdaderas oportunidades hay que revolver entre montañas de ropa para encontrar una ganga, ya que por tres o seis doblones aparece una prenda de marca que vale en nuestra ciudad veinte veces más, que ya se lo vio a una amiga que se lo compró en una de las mejores *boutiques*.

Satisfechos con la compra para cualquiera de la familia, hacen una inversión en unos calcetines o media docena de calzoncillos por tres doblones para mí el día en el que me toca y regresamos al apartamento cargados de frutas y hortalizas de los huertanos que vienen a vender su propia producción (eso dicen y están todos los días en uno u otro mercadillo; atenderán la huerta por las noches y será enorme por la cantidad de tomates, pimientos, acelgas, espárragos, lechugas y un largo etcétera que venden todos los días).

Y, por supuesto, no podían faltar las excursiones. ¡¿Qué serían unas vacaciones sin excursiones?! La primera de este año fue a un parque natural próximo, porque es muy necesario dotar al país de estos charcos llenos de mosquitos, barrizales y yerbajos, que parecen más un estercolero que un parque; pero bueno, los ecologistas y la gente sabia decidieron que hay que tenerlos y protegerlos.

Por supuesto, me encargué de leer un folleto y establecer la ruta por donde podíamos ir, así como la zona que se podía recorrer en coche. ¡Trabajo inútil! Finalmente, decidimos por «mayoría» que para hacer de verdad esa excursión y apreciar todo su encanto había que hacerla en un viaje colectivo que llegaba hasta el parque en autobús y desde allí hacer la ruta en bicicleta.

Por el precio más bien parecía que comprábamos la bicicleta en vez de alquilarla. Tras la correspondiente espera al autobús, el viaje, una amplia herida en la rodilla al caer de la bici y un calor insoportable acabó por fin la excursión.

La otra excursión que nos cayó en gracia era de orden cultural y a una ciudad próxima para admirar su arquitectura urbana. Al llegar a la catedral comencé a explicar a los niños el estilo románico de sus columnas (que previamente había leído sin que nadie se diera cuenta), pero nadie era capaz de alabar mi sabiduría y, sin embargo, se quedaron con la boca abierta cuando un sacristán les enseñó las casullas y les explicó su procedencia y la manera de hilarlas, lo que sirvió de comentario en los siguientes cuatro días.

Por fin pasan los quince días y todos, más morenitos y delgaditos, vamos recogiendo lo que llevamos, más los recuerdos y cachivaches que dicen que merece la pena llevarse, volvemos a llenar el coche hasta en sus más recónditos huecos y volvemos a madrugar para, metidos como siempre en una permanente caravana, llegar a casa tras solo siete u ocho horas de viaje.

Por fin el hogar, dulce hogar… De buen grado descargamos todo y vamos apilándolo en casa por la compensación de descansar en nuestros sillones habituales, camas, etc. La realidad es que no es del todo así, ya que tenemos que andar de un lado para otro llevando cosas, ordenándolas donde se nos indica, llevando la ropa sucia al cajón… Pero cenamos algunos restos que nos hemos traído, los niños se van a la cama agotados del viaje, yo me tomo mi copita en el salón con la sola interrupción de secar los cubiertos y ¡a descansar a nuestra cama!

Solo podemos estar en casa dos días (el tiempo necesario para lavar la ropa y ordenar el hogar) porque hay que ir a pasar unos días con los abuelitos, así que de nuevo (ahora con menos cosas, por supuesto) nos vamos de excursión a presumir del morenito que tenemos (más que ningún año), de lo bien que lo hemos pasado y a contar que, por supuesto, volveremos el año próximo porque han sido unas vacaciones maravillosas.

Nos vemos obligados a contar con pelos y señales todo lo que hemos hecho: cómo era el apartamento, los vecinos, la clase que se apreciaba en la gente cuando se vestía por la noche para salir a las terrazas, el calor que hacía, las excursiones que se podían hacer, el pescado tan fresco que comíamos, lo bien que nadábamos todos… Y así horas y horas.

Naturalmente, el resto de la familia también había estado de vacaciones y, por supuesto, debíamos escuchar atentamente lo que ellos habían hecho y, lógicamente, que sus vacaciones habían sido mejores que las nuestras (¡dónde va a parar!), que sus hijos estaban más morenos y que eran unos expertos en los deportes náuticos (lo que, por supuesto, no podemos comprobar y estoy seguro de que es mentira).

Así nos pasamos tres o cuatro días más y por fin regresamos a casa para afrontar, ya cargados plenamente de energía, un nuevo año.

Los más listos vivían muy bien; los demás, pues bueno... Hasta que llegó el desastre

Continuaba sin coche nuevo de alta gama ni más dinero del que me proporcionaba el trabajo diario, pero sentía la satisfacción de que la educación que me dieron mis padres había merecido la pena, así como los valores que me transmitieron. Y yo hago lo mismo con mis hijos, en la seguridad de que son los correctos, pero…

No es que lo exponga con envidia (tal vez algo sí), pero no he tenido ninguna oportunidad de dar un pelotazo ni privilegio económico alguno, por lo que he tenido que mantener a mi familia y educar a mis hijos viviendo con moderación, sacrificio y ahorro, por si acaso lo necesitáramos el día de mañana.

Algunos nos veían como seres extraños en un planeta que cada vez se parecía menos al nuestro, porque en todos los sitios (en el colegio de los niños, en las vacaciones, en la escalera de la vivienda, en el garaje y hasta en la iglesia) nos encontrábamos con el cada vez mayor número de nuevos ricos.

En muchos casos se trataba de personajes sin ninguna preparación (técnica ni humana), horrorizados por el esfuerzo y el sacrificio, con escasos días de permanencia en la escuela y de cuyo diccionario había desaparecido la palabra ahorro, pero que vivían mucho mejor que nosotros, tenían un futuro más prometedor y eran mucho más felices (o al menos eso parecía).

Lo podíamos ver muy cerca de nosotros, ya que junto a nuestra pequeña parcela en el campo, con una casita más bien modesta, pero con la que estábamos muy ilusionados y donde pasábamos algunos fines de semana y una parte de las vacaciones, un exalbañil convertido en constructor de éxito se convirtió en nuestro vecino.

El terreno que compró tenía muchísimos metros cuadrados más que el nuestro y, naturalmente, sobre él construyó un impresionante chalet de gran lujo, picadero de caballos… (nuestra casa parecía la caseta del perro de la mansión vecina).

Por supuesto, de forma llana y natural, nuestro vecino Paco (que así se llamaba) nos invitó a visitarla y aprovechó la circunstancia para hablarnos de lo listo que era y del éxito que había tenido (y, por supuesto, seguiría teniendo) mientras, como sin darle importancia, abría el amplio garaje, donde podíamos ver coches de alta gama y la mayor cilindrada posible, como Jaguar, Tesla, Mercedes, BMW, Audi… Pero los más caros, por supuesto (naturalmente, varios; al menos uno por cada miembro de la familia y alguno que otro de reserva).

Un tiempo después, como buenos vecinos, nos solicitó si podríamos estar un poco pendientes por si surgía algún problema en la finca, ya que ellos iban a pasar una semana en una mansión que tenían para la época veraniega en la Costa Azul francesa, con un amarre en su puerto deportivo y una embarcación a la que invitaban a los amigos a tomar el aperitivo.

Por supuesto, nos invitarían a que disfrutáramos del lujo de su mansión francesa, si bien debíamos esperar al momento oportuno porque tenían compromiso con los altos estamentos de la *jet set*. Era algo reservado solo para afortunados, si bien nosotros, por el simple hecho de ser sus vecinos de parcela, seríamos invitados como uno de ellos cuando surgiera la posibilidad.

Otra característica que los diferenciaba de la mayor parte de la gente como nosotros era un plus en sus vacaciones para distinguirse de los demás, que conllevaba un disfrute complementario y que consistía en uno o dos viajes anuales con toda la familia a los lugares más exóticos (Bali, Jamaica, Asia… en este planeta y probablemente a sitios mucho más exóticos en otros del mismo sistema solar), acopiando miles de fotografías y vídeos que nos mostraban a su regreso para acompañarlos en su radiante felicidad y, por supuesto, imaginar el pastón que les habían supuesto las lujosas vacaciones.

Evidentemente, estos documentos gráficos no podían mostrarse sin una estructura tecnológica de alto *standing*, por lo que en su casa no podían faltar los aparatos de televisión planísimos de LED con muchas más pulgadas que los de todos los que conocían y, naturalmente, uno para cada recinto de la casa (incluso la habitación de servicio disfrutaba de una pantalla enorme, aunque, claro, un poco más pequeña que las de los señores).

La vida les había hecho cambiar sus hábitos de manera drástica. El peón de albañil que tras mucho trabajo se había hecho oficial y luego «constructor» ya no frecuentaba las tascas cutres de los barrios, sino que estaba obligado a disfrutar de las cafeterías más caras; y su señora, antes la Petra, que en su juventud había trabajado limpiando escaleras y oficinas, frecuentaba las peluquerías más chic de cada momento y tomaba su café con las amigas en los lugares más *in*, donde decían que se encontraban los famosos y la élite económica y política. Además, debía soportar las obligaciones de la clase privilegiada, por lo que todos los días precisaba disponer de unas horas para acudir al gimnasio más frecuentado por famosos para practicar taichí, pilates, gimnasia rítmica y cualquier otra modalidad en boga.

Pero como en esta vida no todo es perfecto y completo, tanto Paco como su mujer no eran aceptados fácilmente por la «sociedad» e incluso eran rechazados en algunos ambientes, ya que no podían ocultar su analfabetismo, incultura y actitudes horteras (con demostraciones permanentes de ostentación dineraria en comidas y bebidas), su procedencia, su falta de formación y clase…

Paco se había hecho rico de la noche a la mañana; había creado pequeñas empresas (todas ellas relacionadas con la construcción) donde procuraba explotar, cuanto más mejor, a otros más pobres que él, en muchas ocasiones inmigrantes.

Aprovechaba cualquier ocasión para mostrarme muchas tarjetas de crédito de distintas entidades financieras, que decía precisar para las innumerables comidas que tenía que hacer por razones de negocio con directores de bancos que le alababan el buen criterio empresarial y, si podía, con algún politiquillo que pudiera ayudarle en su crecimiento económico.

Naturalmente, no bebía *whisky* con una crianza inferior a veinte años, usaba ropa y calzado de marca, bicicletas con cuadros de carbono, móviles de última generación, así como tabletas y ordenadores portátiles (aunque dudo de que supiera usarlos).

Por cierto, decía un refrán de mi pueblo que «de padres gatos, hijos michinos» y en consecuencia los hijos eran tan incultos como ellos, pero… les iba bien: jugaban al golf, tenían caballos en la finca y un coche de gran potencia que, como era de esperar, tenía que ser lo más llamativo posible. Incluso los más pequeños tenían sus teléfonos móviles, sus máquinas fotográficas y de vídeo, MP4, iPod y juguetes de todo tipo, que se contaban por decenas.

Mis hijos me preguntaban con demasiada frecuencia cómo el vecino, que era un cazurro, había triunfado y tenía todos los lujos posibles y yo, con una carrera universitaria y una supuesta buena formación, no podía ni siquiera comprarles una PlayStation. Aparentemente, yo era más tonto que un zapato negro.

Sin saber muy bien cómo, el cielo se ennegreció, rayos y truenos surcaron el firmamento, los jinetes del apocalipsis cabalgaban directamente contra nosotros y a partir de ahí todo fue llanto y crujir de dientes. Lean lo que empezó a ocurrir, sin darnos tiempo a resistirnos.

Por supuesto, eran muchos los «Pacos» que habían surgido en todo el país y el Estado (los Gobiernos) no operaba de manera muy distinta: bastantes ministros, directores generales y altos cargos de la Administración no habían pisado hasta entonces una universidad, su formación dejaba mucho que desear y sus planteamientos reflejaban esa falta de formación. Se apresuraron a construir aeropuertos sin que operara ni un solo avión y sin ver un pasajero, a hacer enormes inversiones en grandes vías y estaciones de trenes de alta velocidad para unos pocos pasajeros, a otorgar ostentosos privilegios a los altos cargos y sus familias. Las grandes empresas y la banca en general no solo pagaban menos impuestos que sus homólogos extranjeros, sino que a sus responsables se les entregó dinero público para salvar a sus empresas de la ruina, blindar sus cargos y llenarse los bolsillos al ser separados de sus cargos con indemnizaciones o pensiones millonarias y escandalosas para la población, inmersa ya en la ruina.

En resumen, somos un país verdaderamente próspero, con una importante clase media y una gran calidad de vida, si bien la gente se gastaba su dinero (y el que pedía prestado a los bancos) en muchas cosas innecesarias y muy poco en educación.

Ya se sabe que el que compra lo superfluo con frecuencia tiene que vender lo necesario. De hecho, figurábamos en los primeros lugares en cuanto al índice de desarrollo humano del Programa de Naciones Unidas para el Desarrollo (PNUD).

Personalmente, pensaba que la monotonía de la vida que llevaba era insoportable hasta que los cambios que se produjeron confirmaron que era un lujo de vida el que vivíamos mi familia y yo.

Pero la mala gestión económica del Gobierno comenzó a crear serios problemas hasta llevarlo a una situación ensombrecedora, de una práctica ruina del Estado y un endeudamiento exagerado de las familias, fundamentalmente por compra de primeras y segundas viviendas y, por supuesto, por las empresas.

Frente a esta penosa situación hubo que tomar medidas drásticas para intentar reinventar la economía (aunque con pocas posibilidades). El Gobierno se vio forzado a restringir de manera considerable el estado del bienestar (sobre todo para algunos, porque yo la verdad es que seguía igual de mal o bien, como se quiera ver) y las instituciones financieras, a iniciar procesos de embargo de los bienes que les quedaban a las familias que, agobiadas por la crisis, no podían hacer frente a los pagos de los créditos concedidos para la compra de bienes y servicios, muchos de ellos innecesarios.

Se vieron obligados a adoptar medidas duras de ajuste, poco entendibles por los ciudadanos, que como es lógico comenzaron a protestar en las calles, sobre todo las clases media y baja, que veían cómo se desmoronaba su sistema, por lo que manifestaban su indignación de todas las formas posibles.

La situación era verdaderamente dolorosa; en dos fines de semana seguidos vimos cómo llegaban secretarios de juzgados, representantes de bancos y financieras que retiraban del garaje de Paco sus coches de alta gama por impago de los créditos que le habían concedido alegremente. Solo dos meses más tarde tuvieron que dejar a las instituciones financieras su magnífica finca y, tal como nos dijo apesadumbrado y deprimido unos días antes, había perdido su mansión, su amarre y su embarcación de la Costa Azul francesa.

Peluquerías, gimnasios y muchos comercios cerraban por falta de clientela. Los palos de golf empezaban a oxidarse (así como otros muchos artefactos que dejó en un cobertizo que le dejamos en nuestra parcela). Tuvo que cerrar las empresas que creó alegremente, al igual que les ocurrió a muchos nuevos ricos como él, que empezaron el proceso de quiebra (más de medio millón de pequeñas y medianas empresas) y, en consecuencia, llevándose al paro a más de cinco millones de trabajadores y muchos empresarios.

Al único coche que le dejaron, un pequeño utilitario, empezaba a faltarle el mantenimiento: las ruedas no las sustituía aunque habían perdido el dibujo, el seguro no podía pagarlo… Y sin ahorros ni salario, lo único que le quedaba era echar mano a la cartilla del abuelo.

Lo peor es que a sus hijos, que no habían conocido la educación en sus verdaderos términos, ni tal vez puedan ya conocerla por su actitud en los modales y su falta de respeto, no les habían preparado para el necesario sacrificio que se les había presentado.

Como era de esperar, una vez perdido su dinero, el poco que conseguía trabajando muy duro como albañil les parecía una miseria que les obligaba a llevar una economía de subsistencia, pero en gran parte era porque se habían acostumbrado a considerar como imprescindibles gastos que muchos no nos hemos podido permitir nunca.

Es probable que si nos limitáramos a consumir solo lo que fuera necesario, como en la época de nuestros padres, la mayoría de las familias llegarían a final de mes aunque tuvieran unos ingresos muy reducidos.

En esta fase recién iniciada, Paco ha tenido que aprender una nueva economía doméstica que le hace prescindir de los teléfonos móviles, canales de televisión de pago y tarifas planas de internet, así como suprimir casi todos los gastos que dedicaba al ocio, además de restringir licores, refrescos, bollería y comidas fuera de casa. En situaciones como la de Paco, el estado de bienestar, que disfrutaba como otros muchos, era de prestado y ni el Estado ni las personas podían ocultar su desastrosa situación económica.

En aquella época empezaron a aparecer en los medios de comunicación noticias sobre crisis, recesión, paro, corrupción, prima de riesgo… y la cultura del cambio (para mal) se instaló en todos nosotros.

En estos momentos de crisis, y aunque nunca la vemos hasta que nos llega a nosotros, el hecho de tener trabajo se convierte al mismo tiempo en un privilegio y en un infierno, ya que nos permite seguir teniendo unos ingresos para continuar con nuestro ritmo de vida, pero simultáneamente el miedo espantoso a perderlo nos sume en la desesperanza.

A todos nos iba llegando el turno (en mi pueblo dicen que a todo cerdo le llega su San Martín). La empresa en la que trabajaba desde que acabé la carrera planteó un ERTE (Expediente de Regulación Temporal de Empleo, para los que todavía no les ha tocado), que se convirtió en definitivo unos pocos meses después. ¡Todos a la calle! Simplemente, un día se cerró la fábrica y se acabó de manera definitiva.

Teníamos que soportar con estoicismo las arengas de los sindicatos, de los abogados laboralistas, de los tribunales de lo social y, en fin, de todo el entramado que se ha instrumentado alrededor de estas situaciones.

Mientras los probos sindicalistas nos arengaban para llevar como mejor pudiéramos la amarga situación del paro, yo al menos no podía dejar de pensar en que algunos de los supuestos «trabajadores» que no han pegado un palo al agua (al menos desde hace bastante tiempo) con la coartada que les proporcionan el sindicato y la empresa en su condición de liberados perciben su retribución con la máxima prioridad de seguridad, no para mejorar la productividad de su empresa, sino los intereses de su respectivo sindicato.

Esto sí que es un buen empleo: estos obreros están liberados, por lo que cobran su sueldo para, supuestamente, trabajar para su sindicato y que las empresas públicas y privadas tengan que pagar un salario por no trabajar en ellas para nada. Y día a día se creaban nuevos parados en números insoportables.

Ahora que estábamos en la calle se daban todas las posibilidades de encontrarse con una depresión de características inhumanas, pero como dice el refrán: mal de muchos, consuelo de tontos.

En esa depresiva actitud llegué a mi casa, cargado de tristeza, a contar a mi familia la nueva situación.

Del desempleo a mi trabajo como «amo de casa»

Primero se lo conté a mi mujer y luego, de acuerdo los dos, a los hijos. ¡Asombroso! A pesar de las numerosas ocasiones en que me he visto agobiado por la familia y utilizado por todos ellos, fue suficiente esta situación para tener la sensación de ser una familia, de contar con el apoyo de todos ellos y ser capaces de tomar las decisiones que fueran necesarias para unirnos más como una auténtica familia.

Esto supuso para mí una verdadera esperanza de vida y hasta diría de una ilusión renovada, lo que me salvó de lo que afirmaba Federico García Lorca: «El más terrible de los sentimientos es el de tener la esperanza muerta».

Como primera parte de nuestra nueva vida, la empresa me tuvo que indemnizar con una cantidad importante (al menos para mí), que nos garantizaba un mantenimiento económico para toda la familia durante un tiempo.

Además, dado nuestro encantador estado de bienestar, iba a percibir una cantidad mensual interesante en concepto de subsidio de desempleo. Fue así como empecé a ver la vida con más optimismo.

Lo habitual era escuchar malas noticias, unidas a otras aún peores que diariamente nos ofrecían la prensa, la radio y la televisión, pero estábamos apreciando en nuestra familia oportunidades y beneficios que nunca nos hubiéramos planteado.

La verdad es que si no hubiera sido por esta circunstancia no nos hubiéramos tomado el tiempo suficiente para apreciar muchísimas cosas con las que somos capaces de disfrutar a pesar de la duda económica, que en el fondo nos preocupa a todos.

La primera lección que nuestros hijos aprendieron es la importancia del ahorro y saber cómo manejar el dinero con absoluta responsabilidad y con eso, conscientemente, saben que pueden ahorrar para las cosas que quieren y así aprenden a esperar.

Las lecciones se siguen unas a las otras, ya que hablábamos de economía (a cada uno según su nivel). Para mantenernos todo el tiempo que fuera posible con superávit, que no dificultara nuestra vida, empezamos a reducir costes. Por ejemplo, los niños dejaron de ir a las clases de dibujo (por las que no tenían mucha ilusión) y juntos nos dedicamos a crear un espacio libre para la imaginación durante el mismo tiempo que antes duraban las clases.

Con muchas menos horas dedicadas al trabajo estábamos encontrando más tiempo para nosotros, como pareja y como padres, y gastábamos menos, entre otras cosas porque dejábamos aparcado el coche y en lugar de pensar en las vacaciones en sitios exóticos o simplemente de temporada, como hacíamos antes, nos planteábamos el turismo local. Es decir, durante nuestras siguientes vacaciones ya empezamos a hacer los planes: vamos a visitar museos de la ciudad, que nunca hemos tenido tiempo de hacerlo, parques y monumentos… En definitiva, unas costumbres diferentes, pero no por ello peores. E incluso diría que sustancialmente mejores.

Por ejemplo, en los últimos dos meses habíamos podido visitar museos verdaderamente interesantes, exposiciones de inventos, dedicar mucho más tiempo al zoológico de la ciudad, etc., pero con el aliciente añadido de preparar juntos la visita, buscando información, y así poder contrastar con lo que veíamos. ¡Toda una experiencia verdaderamente importante para el ocio y para la cultura! Aunque parezca una deducción optimista, hasta el rendimiento en el colegio mejoraba en los dos niños de manera interesante.

¿Habrían hecho Paco y su familia algo similar?

Una de mis primeras acciones como «parado oficial» fue el inscribirme en la oficina de empleo que me corresponde por mi domicilio, así que allí me dirigí con la misma vestimenta que utilizaba para mi trabajo habitual (un traje más o menos serio, camisa blanca, corbata discreta y zapatos recién lustrados) y con los papeles en regla para presentarlos en la oficina estatal y así empezar a cobrar mi subsidio de desempleo, que me supondría un salario mensual por un periodo no inferior a dos años, lo que aliviaría así mi economía.

Al llegar a la oficina de empleo observé una enorme fila de gente que, supuse, sería para cualquier otro trámite que no tuviera nada que ver con el mío y pasé dentro de la oficina a preguntar a un funcionario, que (digamos no muy amablemente) me informó de que, efectivamente, en esa fila de no menos de cien personas era donde debía colocarme para gestionar la tramitación de mi expediente y poder solicitar la prestación.

Hacia el final de la fila me dirigí con una sensación de malestar que se agudizaba por las miradas de los que la conformaban, que no parecían aprobar que llevara un traje a semejante sitio.

Me coloqué tras el último que formaba la fila, un hombre de unos cincuenta años, de pelo blanco y muy moreno de piel, ataviado con un pantalón vaquero y una chaqueta muy raída que en alguna época quizá hubiera sido de buena calidad, pero que había pasado ya su momento de amortización hacía bastante tiempo.

Al principio, salvo darnos los buenos días y confirmar que era el último de la fila, no cruzarnos más palabras y yo me dediqué a leer el periódico que había comprado en el kiosco cercano a mi casa. Lo hice en sentido contrario al habitual, empezando por las ofertas de empleo y siguiendo luego la rutina diaria de lectura, tras comprobar que no había ninguna oferta que se ajustara a mi perfil profesional.

Había transcurrido ya más de una hora y aún nos quedaban como unas treinta personas delante. El señor que estaba delante me dijo que si ya había leído el periódico, me importaría dejárselo, a lo que inmediatamente, como es natural, accedí.

Me dio las gracias y, en vez de comenzar su lectura, con cierta seguridad me preguntó (casi como una afirmación) si era la primera vez que iba a la oficina de empleo para inscribirme en el paro, a lo que, por supuesto, le contesté afirmativamente.

Con una tristeza inmensa en la voz me deseó mucha suerte y pidió a Dios que no me pasara lo que le había ocurrido a él, que había pasado de ser jefe administrativo de una empresa constructora importante y con un magnífico salario a ser actualmente un pobre de solemnidad.

Por el interés que suscitaba su historia y el tiempo que aún teníamos de espera, le pedí que me contara qué era lo que le había ocurrido para llegar a ese extremo.

Naturalmente, se explayó con todo lujo de detalles, así que lo voy a resumir, extractando algunos de los aspectos que más interesantes me parecieron en ese momento:

—Tras mi despido con una buena indemnización, que intenté gestionar lo mejor posible, pasé dos años percibiendo el subsidio de desempleo. Al principio busqué trabajo con verdadero esfuerzo, luego fui perdiendo interés y al final desistí.

»Acabada la percepción de la prestación por desempleo, que complementaba con la indemnización por despido, solo me quedó un ingreso de 420 doblones, que no llegaba ni para pagar los gastos de comunidad de la vivienda que teníamos. Indudablemente, tampoco podía hacer frente a la hipoteca, por lo que tenía permanentemente encima la amenaza del banco de un embargo inminente y el consecuente abandono de mi vivienda.

»Comenzó en ese momento un rosario de peticiones de préstamos a hermanos, primos y demás familia, que al principio sí me prestaron, pero dada la situación a la que ellos también podían llegar prefirieron ahorrar para evitar que les ocurriera lo que me estaba pasando a mí.

»Dada la extrema situación y con verdadera vergüenza, acudí un día a una institución de caridad solicitando ayuda y, efectivamente, me ayudaban con un carro de la compra con lo más imprescindible, pero que para mí tenía la máxima importancia para la supervivencia.

»Desgraciadamente, cada día éramos más los que íbamos allí en petición de ayuda y, como es lógico, los alimentos iban disminuyendo para un mejor reparto de lo que tenían.

»Mi mujer me echaba la culpa de la situación y de mi incapacidad para resolver simplemente la subsistencia más o menos digna.

»Definitivamente, nos echaron de la casa, tras unos meses sin luz y finalmente sin agua y con una demanda de la comunidad de propietarios por no pagar las cuotas.

»Ante tan dramática situación mi mujer se marchó no sé con quién y mis hijos se fueron a vivir con los abuelos, que al menos tenían garantizada la pensión y, aunque no fuera mucha, sí les daba para comer, vestir dignamente y que los niños asistieran al colegio público con normalidad, incluyendo la compra de libros y demás material escolar.

»En esta situación no tenía muchas alternativas: o me alojaba y disfrutaba de la comida de los albergues, que desgraciadamente estaban llenos en numerosas ocasiones, o me iba a dormir a la calle. Y de verdad no eran abundantes los buenos sitios para dormir, abrigado con los cartones que me procuraba en la basura de los supermercados, de donde además obtenía algunos alimentos aún en buen estado hasta que localizaba día a día un sitio donde dormir ¡y sufrir!

»Todavía muchas noches la tristeza me embarga recordando que en algún momento de mi vida formaba parte de la clase media, con mi casa, mi coche, mi familia… Aún no me explico cómo de un momento a otro había pasado de la prosperidad a la ruina.

Pero tenía que subsistir a toda costa y por ello se acogía a cualquier ingreso que pudiera alcanzar, público o privado.

Finalmente, le atendieron en una de las mesas para renovar la percepción de esos 420 doblones mensuales y cuando acabó se acercó a la ventanilla donde me estaban tramitando el derecho al subsidio de paro para despedirse educadamente y reiterarme su sincero deseo de que tuviera suerte para que no cayera en su situación.

Así nos damos cuenta de que nos ha llegado de verdad la crisis y de que nuestra vida no va a volver a ser como antes. Con mi nueva situación de parado debía cambiar mi rumbo, ya que el destino lo que me preparaba era una preocupante incertidumbre de futuro y, queramos o no, todos tenemos miedo al cambio y al riesgo que supone afrontarlo.

Es época de cambios, decían los políticos, y esa era la palabra más oída o leída en los medios de comunicación. ¿O tal vez era un cambio de época?

Una vez resuelta la tramitación de mi expediente, me dijeron que ya me avisarían si surgía un puesto de trabajo adecuado a mi experiencia y, en todo caso, que debía pasar por esa oficina cada tres meses para que me sellaran la cartilla que me entregaron y de esa manera seguir con la percepción de la cantidad mensual que me asignaron.

La verdad es que, con la moral baja por la historia que me había narrado el compañero de fila del paro, me dirigí de nuevo a casa con la seguridad de que a mí no me pasaría.

Con la cantidad de tiempo libre que tenía, escuchaba la radio, veía la televisión y leía los periódicos para ver las ofertas de trabajo de las empresas, a las que enviaba día tras día mi *curriculum vitae* en la esperanza de encontrar trabajo, todo ello con un deprimente resultado negativo, día tras día y de la misma manera durante meses.

Trabajo no encontraba, pero empecé a estar muy informado de la política y los políticos para mayor frustración. Por eso empecé a darme cuenta de que, a pesar de que todos hablaban de lo mucho que se preocupaban de los parados y de lo que iban a hacer por nosotros, no aportaban solución alguna.

¿Qué hacía el Gobierno? Actuar de la misma manera irresponsable que los ciudadanos del país, conduciéndonos a la mayor catástrofe moral, política, de valores y económica de toda nuestra historia, de manera que, aun suponiendo que actuaran de manera correcta a partir de ahora, pasarían varias generaciones hasta conseguir un cierto equilibrio.

La situación era cada día más desoladora. Con el alma en un puño nos enterábamos de una nueva tragedia: se rebajaban los salarios, se congelaban las pensiones, los impuestos subían exponencialmente… Esa era la situación para todos, ¡menos para los políticos, sindicalistas y demás personal protegido por el sistema! Estos seguían manteniendo, si no incrementando, sus descomunales privilegios y canonjías.

El paro ya batía todos los récords imaginables en un país desarrollado, se destruía empleo a un ritmo de más de un millón de empleos por año, además de hundir el tejido productivo del país.

No solo sufrían los trabajadores, sino que miles de autónomos, pequeñas y medianas empresas se hundían uno tras otro. El endeudamiento total del país llegó a ser el más alto del mundo desarrollado, se produjo un descontrol absoluto de las Administraciones públicas mientras se incrementaba el déficit de manera alarmante…

La renta familiar disponible se redujo de manera drástica; el sistema de pensiones, temblando; la sanidad y la educación, hasta hace unos años correctamente calificadas como excelentes, estaban prácticamente quebradas. La clase media estaba desapareciendo y el país se resquebrajaba de forma imparable.

En definitiva, ya no era solo, a pesar de su enorme importancia, que la economía estuviera en situación precaria, sino que los trabajadores, autónomos y pequeños empresarios (es decir, la sociedad en general) ni creían, ni valoraban, ni tenían ilusión para colaborar en políticas que pudieran llevarnos a salir de este infierno.

¿Y qué hacían los políticos? Solo diagnósticos más o menos acertados (más bien los segundos), pero ninguno de ellos aportaba una solución efectiva, sino simplemente posibles soluciones demagógicas, sin posibilidad alguna de viabilidad.

Aprovechaban la mala situación general y las dificultades individuales para prometer cosas deseables, pero que de ninguna forma eran factibles en esos momentos.

Proclamaban la necesidad de incrementar el gasto público para generar empleo, sin advertir a la gente de que cuando el Gobierno gasta, sus ciudadanos tendrán que pagar en un plazo no muy largo (más sus intereses) en forma de impuestos directos o indirectos.

Preferían llevar a la práctica (bueno para sus fines políticos de aquí y ahora) eso de pan para hoy y hambre para mañana, por lo que querían que esta generación obtuviera beneficios, de manera que trasladara esos costes a las generaciones siguientes.

Y como siempre, la mayoría de la gente deseaba que fueran otros quienes pagaran por los bienes y servicios públicos, sobre todo si iban a ser ellos los beneficiarios de esos servicios.

De manera que para lograr mantener ese mínimo equilibrio, aunque inestable, semana tras semana establecían normativas con nuevos disparates. Por ejemplo, estableciendo controles de precios para no soliviantar a los ya empobrecidos ciudadanos.

Naturalmente y como no podía ser de otra forma, debían hacer una corrección tras otra. No se sabe si por indigencia intelectual o por amnesia cuasi permanente, hasta se olvidaban de las demostraciones empíricas de la aplicación de estas medidas en el pasado, como bien reflejaron Shuettinger y Butler en su libro *4.000 años de controles de precios y salarios*, donde exponen con meridiana claridad y mediante ejemplos los fracasos de Sumeria, Babilonia y muchas otras ciudades, e incluso de la India en el año 321 a. C., intentando, sin éxito, controlar a comerciantes y artesanos. Estos y otros muchos ejemplos ilustran el grado de las barbaridades económicas que se han cometido a lo largo de la historia de los controles de precios.

Como les decía, vemos cómo con medidas populistas el Gobierno eleva el gasto público. El incremento del gasto produce, como es lógico, el déficit fiscal, que tiene que ser cubierto con emisión de deuda que deteriora el endeudamiento y la subida de los intereses a pagar por la misma.

Esta crisis, surgida inicialmente en el sistema financiero, ha originado que todos los canales de crédito estén congelados; en realidad, y al no ser políticamente correcto expresarlo públicamente, estamos sufriendo, en versión del siglo XXII, casi los mismos pánicos que provocó la Gran Depresión.

Para muchos de nuestros mayores la situación recuerda a la del año 1929 y reviven los síntomas de la Gran Depresión, que si bien se inició con el *crack* de la bolsa en Estados Unidos, le siguió la crisis bancaria europea en mayo de 1931, cuando el banco más importante de Austria, el Creditanstalt, dio a conocer su insolvencia y, para remate final, se producía dos meses más tarde el colapso de uno de los bancos más importantes de Alemania: el Danatbank.

La economía estaba gravemente afectada por la crisis inmobiliaria y el excesivo endeudamiento familiar obligaba a la población a una drástica reducción del gasto de los consumidores, dándose una clara escasez de demanda que supone un problema real.

Muchos propietarios de inmuebles tenían saldos de sus hipotecas de importes superiores al valor actual de su vivienda.

La recesión había acabado con la esperanza de una recuperación sostenida y de la creación de empleo, provocando incluso una desintegración del Estado.

La deuda pública igualaba incluso al PIB, las tasas de interés a largo plazo eran cada vez mayores hasta asfixiar al Estado y, por el hecho de estar integrados en una moneda común con otros países, ni siquiera quedaba la posibilidad de devaluar para salir de la recesión, por lo que la única alternativa era reducir los salarios, recortar el gasto e incrementar los impuestos.

Entramos en un círculo vicioso: la recesión reduce los ingresos por impuestos y aumenta el gasto social. A pesar de los programas de austeridad, el déficit excede el objetivo y los préstamos resultan muy caros; los bancos afrontan sangrías importantes en sus depósitos, ya que no pueden impedir que los aterrorizados ciudadanos retiren sus ahorros para tenerlos más seguros.

Había llegado la hora de la verdad: nuestra economía estaba en situación de caída libre.

En ese momento empezaron a aparecer señales preocupantes de un contragolpe populista. Los partidos de extrema derecha y extrema izquierda empezaron a ganar cada día más adeptos y los políticos y movimientos independientes surgieron en los lugares más improbables. El miedo estaba servido.

Y aunque no es probable ni deseable, este populismo no nos llevaría a una guerra, pero dificultaba progresivamente la forma de gobernar y, consecuentemente, de ser gobernados.

La situación, en la que cada día más y más ciudadanos se aproximaban a la pobreza o a la quiebra, iba conformando una población propicia a situaciones trágicas, apareciendo con más frecuencia escenas de desesperación a lo largo y ancho de todo el país.

Casi sin excepción se culpaba a la voracidad impositiva del Estado, que empujaba hacia el abismo a los ciudadanos con sus reiteradas amenazas y sus liquidaciones impositivas, haciendo aún más difícil el momento, mientras continuaba derrochando millones en duplicidades de la Administración en todos sus niveles: empresas públicas ineficientes y con fuertes pérdidas, cientos de políticos para los que de una forma u otra no llegan los recortes…

Todos los días se podían ver enormes colas; unas conformadas por personas que, ya en paro, se dirigían a las distintas oficinas de empleo y otras nutridas por trabajadores con trabajo fijo y funcionarios públicos que iban a una de las frecuentes huelgas, en protesta más o menos civilizada por los ajustes de salarios y las subidas de impuestos.

Por supuesto, era el más informado de la actividad política del país, por lo que todos los días, al regresar a casa, a cada uno de los miembros de la familia le contaba con pelos y señales cómo iban el país y el mundo.

Llegó el día en que mi mujer dio por terminada mi inactividad y, ya que no conseguía ningún trabajo, debía aportar mi granito de arena al esfuerzo familiar para afrontar esta situación.

Puesto que en un matriarcado (como es mi situación) todos sus miembros deben tener sus funciones claras y bien delimitadas, me fue asignado el cargo de amo de casa, con especial énfasis en las tareas domésticas.

La verdad es que entre tan variada gama de actividades es lógico que a cualquier persona se le den mejor unas que otras, aunque los (en este caso la) que mandan no lo puedan entender.

Limpiar el polvo, lavar, planchar y hasta poner el lavavajillas no se me daba demasiado bien, la verdad. Me iba fatal, lo que mi mujer atribuía a la falta de interés por hacer bien mi trabajo.

Total, que dada mi inutilidad para determinados trabajos se me asignó la labor parcial de la casa, que consistía fundamentalmente en hacer la compra, cocinar, pasar el aspirador y arreglar el jardín.

Me puse de hoz y coz a mis nuevas tareas, ya que tras intentar durante meses encontrar un trabajo adecuado aún no perdía las esperanzas y seguía enviando *curriculum vitae* a cuantos anuncios encontraba, más o menos adecuados. Los resultados seguían siendo frustrantes.

Claro que he de dejar constancia de que la organización de compras y comidas la hacía mi mujer, dejándome a mí solo la ejecución, que por norma general siempre tenía fallos, por lo que se generaban siempre los mismos comentarios: que si había comprado cosas no necesarias, caprichos, pescado o fruta con los que me habían engañado e incluso que la comida estaba salada o la carne y el pescado, muy hechos y secos. ¡Con lo cocinillas que había sido toda mi vida!

Así pasaban las semanas y los meses, sin más variación que acudir a alguna que otra entrevista de trabajo (siempre con los mismos decepcionantes resultados) o a la oficina de empleo para informarme de «si hay algo para mí».

Mis temas de conversación se iban limitando por días, ya que mis interlocutores habituales, además de mi familia, eran el pescadero, el carnicero, el panadero y las señoras que iban al mercado a hacer sus compras como verdaderas amas de casa.

Sinceramente, esto me enriquecía mucho en aspectos tales como la modificación de las recetas de cocina, distinguir la frescura del pescado por sus ojos, olor y tersura, además de un amplio conocimiento de los (y las) estrellas del momento, cuya fama en muchos casos venía dada por el hecho de haberse acostado unos con las otras y viceversa, unido a sus muchas operaciones de estética, bótox, hilos de oro y vaya a saber qué cosas más.

Naturalmente, como unas cosas llevan a otras, caí inmediatamente en la tentación de ver las telenovelas, porque, entre otras razones, no podía acudir al mercado sin conocer lo que les estaba ocurriendo a sus personajes principales.

Así fui adquiriendo una verdadera cultura del pueblo, que me permitía ser el centro de atención en cuantas tertulias se presentaban en cualquier ocasión.

Habían quedado atrás aquellas peroratas que soltaba en las reuniones que hasta hacía pocos meses manteníamos con nuestros colegas sobre la evolución del producto interior bruto, los avances tecnológicos, lo perjudicial de las redes sociales en algunos aspectos, o bien la importancia de la I+D+I del país y más…

Incluso participaba en todos los programas de incentivos del supermercado, la carnicería, la panadería…, en los que se sorteaba toda clase de espectaculares premios: un apartamento en la playa, una semana en Hollywood con entrevistas con las estrellas de turno, una cena con tu personaje preferido, un circuito turístico, un crucero y miles de asuntos ilusionantes. Y como premio a mi dedicación e interés en esta nueva faceta de vida ¡me correspondió un crucero por los fiordos noruegos para dos personas!

Unas vacaciones diferentes y productivas

La suerte me volvía a sonreír; no podía esperar para contárselo a mi mujer y la llamé inmediatamente para contarle la buena noticia. La verdad es que le hizo mucha ilusión e inmediatamente solicitó un permiso de doce días en la oficina para que fuéramos juntos al crucero.

Su jefe, tres días más tarde, le dijo que era imposible poder darle vacaciones en esas fechas, ya que tenían mucho trabajo atrasado y era imposible prescindir de nadie en la oficina (seguro que era puñetera envidia).

Total, que como mi mujer no podía acompañarme y María tenía exámenes decidimos que fuéramos Pedro y yo al fantástico crucero por los fiordos; por supuesto, con gran tristeza de las mujeres de nuestra casa por no poder acompañarnos, pero ilusionadas porque disfrutáramos de tan magnífica oportunidad.

Un poco nerviosos por el viaje, nos fuimos en transporte público al aeropuerto con más tiempo del normal, de forma que tuvimos que esperar más de una hora para poder facturar y tener la tarjeta de embarque.

Por aquello de que no por mucho madrugar amanece más temprano, el vuelo chárter en el que viajábamos tuvo un retraso de tres horas, de forma que llegamos a Bergen a las cuatro de la tarde. Tras recoger las maletas, un autobús nos condujo al barco.

La burocracia que impregna cualquier actividad no podía faltar para la entrega de la documentación de embarque, asignación de camarote, tarjetas de identificación para el buque y un largo etcétera.

Por fin, con las maletas y la documentación en regla y tras subir en el ascensor hasta la planta séptima y arrastrar las maletas por los intrincados y confusos pasillos, logramos encontrar nuestro camarote.

No es que pudiéramos quejarnos por el precio, pero sí de la sensación de ser interior (con algo de claustrofobia que tengo) y la escasez de espacio, ya que parece imposible que en menos de diez metros cuadrados lograran sacar sitio para dos camas, un armario y un minibaño, pero finalmente logramos instalarnos.

Nos fuimos Pedro y yo a dar una vuelta por el barco, un poco para situarnos en el espacio en el que se iba a desarrollar nuestra existencia los próximos diez días y ver las instalaciones (sobre todo los restaurantes) que utilizaríamos.

Se nos habían hecho las seis de la tarde y como el barco no partía hasta las ocho y media le comenté a Pedro si quería que bajásemos a tierra para ver un poco la ciudad. Desde ese mismo instante descubrí que iba a estar absolutamente solo durante todo el viaje.

Con educación y algo de desdén me dijo que iba a localizar a algunos de su edad para pasar las vacaciones como correspondía a un joven como él. Me recomendó la conveniencia de encontrar a alguien contemporáneo con quien pudiera compartir esos días.

En consecuencia, y tras pasar el correspondiente control de salida, me fui a dar una vuelta por Bergen, que al menos por las preciosas casas frente al mar, su castillo y su puerto me pareció una ciudad preciosa.

Además, hacía una temperatura agradable. Había llovido, pero en ese momento había sol y era reconfortante ir por el paseo marítimo. La brisa era suave y el mar traía esos tradicionales olores a sal y peces.

En el entorno del puerto se podía apreciar la oferta de muchos puestos de venta de todo tipo de productos, sobre todo de pescados y mariscos, que ofrecían en varios idiomas.

Me gustaban todos y pensé que tendría que comprar algo para llevar a casa, pero como mi presupuesto era escaso pensé que mejor lo postergaba para el final del viaje, una vez pudiera comprobar de qué efectivo disponía en ese momento.

Regresaba al buque cuando me llamó la atención una fragata militar que se podía visitar (y además gratis), por lo que allí me adentré para aumentar mi acervo marinero.

Lo cierto es que era verdaderamente interesante y disfruté visitando sus distintas dependencias, desde la enorme sala de máquinas, hasta los camarotes de oficiales y tripulación, pasando por el impresionante camarote del capitán, con una amplia mesa con cartas de navegación, compases e instrumentos de medida y control náutico.

Al salir de la parte superior de la sala de máquinas y en el escalón que comunicaba con la estancia siguiente nos agrupamos muchos de los visitantes. Uno de ellos, de alta estatura, tocado con un sombrero de fieltro de color gris y apoyado en un lujoso bastón con empuñadura de plata, se cayó de bruces, gritando de dolor y en mi idioma. Fuimos unos cuantos a ayudarle a levantarse, aunque la mayoría continuaba su visita sin darle mayor trascendencia y procurando visitar el resto de las instalaciones del barco sin perder más tiempo, pensando tal vez que no era importante el daño sufrido. Finalmente, quedamos un oficial del barco y yo interesándonos por el problema que pudiera tener.

Lo cierto es que, al parecer, le dolía mucho uno de los brazos y el oficial del barco que se aproximó ordenó que lo llevaran al hospital. No sé muy bien la razón, pero me ofrecí a acompañarle y nos trasladaron a un centro médico cercano.

Le hicieron una radiografía y constataron que era una rotura del cúbito, por lo que debían escayolarlo. Dije al personal sanitario que estábamos en un crucero y que por favor se pusieran en contacto con el barco a fin de informarles de que tal vez nos retrasaríamos un rato y preguntarles si nos podían esperar.

A los pocos minutos un coche con un oficial del barco y un médico del crucero estaba en el centro médico. Tras completar la cura nos llevaron con apuro para poder zarpar y, aunque con un poco de retraso, salió del puerto con todos los pasajeros a bordo.

Cuando llegamos ya estaban todos en la cubierta sexta haciendo el simulacro de emergencia obligatorio para todos los pasajeros, según las normas de la Organización Marítima Internacional, de manera que, tras escuchar siete pitos cortos y uno largo (señal de emergencia), salían todos de sus cabinas pertrechados con su chaleco salvavidas. Cuando llegué me dieron un chaleco y me incorporé a la multitud.

Tras este ejercicio obligatorio busqué por los restaurantes del buque y no encontré a Pedro por ninguna parte, así que cené en uno de la cuarta cubierta, tomé un *gin-tonic* y me fui al camarote.

No me enteré de cuándo llegó Pedro a la cama y dormí hasta las siete, hora en la que desperté con los anuncios por los altavoces de que estábamos a punto de atracar en Flam.

Tras desayunar me dijo el chaval que siguiera haciendo mi vida, que él había contactado con un grupo de chicos y chicas guay y que haría la suya. Esto sí que iba a ser un viaje en solitario, supuestamente «acompañado» de mi primogénito.

Me resigné a conocer solo Flam. Lo que sabía del lugar es que era un sitio ideal para disfrutar de los fiordos y saltos de agua noruegos. Uno de los habitantes, con el que coincidimos en el estacionamiento de los autobuses, nos contó la importancia que el tren tuvo en el desarrollo de la región, ya que cuando en 1909 se inauguró el tren entre Oslo y Bergen sirvió de vía de comunicación importante para su desarrollo agrícola y ganadero, y que ahora simplemente era un medio de comunicación básicamente turístico que une la montaña, en Myrdal, con la esquina del fiordo Aurlandsfjord.

Dada mi soledad, decidí hacer una de las excursiones recomendadas, de forma que me subí al tren que desde el nivel del mar sube hasta los 867 metros. Tomó un poco más de media hora el trayecto, a través de espectaculares e inolvidables paisajes.

Tuvimos, como corresponde a un tren turístico, varias paradas, entre las que cabe destacar la hermosa cascada de Kjosfoss. Luego, en la estación de Myrdal, hice un transbordo de tren a través del túnel Cravhalsen, bajando por el valle de Raundalen hasta Voss, un precioso lugar cerca del lago Vangs.

Finalmente subimos en un autobús que circulaba por la montaña, bordeando su ladera, desde la que pudimos ver la cascada Tvinde. Más tarde bajamos por la Stalheimskleivane (la carretera más escarpada de Noruega) para retornar a Flam siguiendo el río Noeroy, atravesando numerosos túneles para regresar al barco.

Es curioso cómo al sentir la fuerza de estos paisajes nos vienen a la memoria escenarios de la infancia y recordamos la inmensidad de algunos paisajes que quizá no lo fueran realmente, pero que con aquella edad los veías impresionantes.

Al llegar al crucero fui directamente al camarote. Allí estaba Pedro, que me contó aspectos sobre la gente tan encantadora que había conocido, incluida una rubita preciosa de nuestro país, a la que le parecía imposible no haber visto nunca a pesar de vivir a pocos metros de nuestra casa.

Cenamos ambos en el restaurante principal, verdaderamente elegante, junto con otros comensales extranjeros. Al terminar me fui a la cabina, mientras que Pedro se fue a pasar el resto de la noche con sus nuevos amigos.

Noche en la que no dormí muy bien por el movimiento del barco, más ajetreado de lo habitual. Incluso estaba despierto cuando Pedro regresó al camarote. Eran aproximadamente las tres de la madrugada. Le pregunté cómo le había ido y estuvimos charlando durante más de una hora sobre la suerte de habernos tocado el crucero en ese sorteo, sobre la gente que estaba conociendo y muchas más cosas que habíamos visto esos dos días desde el inicio de nuestras vacaciones.

Al día siguiente llegamos a otro de los tantos destinos del crucero: Olden. Se localiza en el valle de Oldedalen, en el municipio de Stryn, cerca del glaciar Jotesdalsbreen, en el parque nacional del mismo nombre. Lo curioso de este lugar es que cuenta con una población de menos de quinientos habitantes, pero con muchos sitios para admirar, como el faro de Krakenes, con el océano a sus pies; la meseta del cabo Oeste o la isla de Selja, con su monasterio del siglo X.

Era un espectáculo grandioso, una impresionante imagen natural que no había sido modificada por el hombre ni explotada de manera alguna, por lo que daba la sensación de ser un paraje realmente inexplorado.

Abandonado de nuevo por mi vástago decidí ir a la excursión programada para visitar el glaciar de Briksdal.

En el trayecto desde el barco a los autobuses que nos llevarían a la excursión me encontré con la persona a la que ayudé en Bergen tras el accidente y me saludó afectuosamente, agradeciéndome de nuevo la ayuda que le presté. Con el brazo en cabestrillo, parecía muy contento del viaje en el crucero y así me lo confirmó:

—¿En qué autobús va usted?

—En el número 3.

—Yo estoy en el 5, pero si no le importa podríamos ir juntos.

Le dije que estaría bien y me respondió que intentaría arreglarlo. Habló con los guías y con uno de los chóferes y finalmente nos subimos juntos al autobús número 3 y nos sentamos en los asientos 3 y 4, en la primera fila del vehículo, con la posibilidad de disfrutar de las mejores vistas.

La verdad es que la conversación con él fue de lo más amena y sinceramente agradable. Me comentó que el día anterior me estuvo buscando por el barco infructuosamente y que, como no sabíamos nuestros nombres, la búsqueda era compleja.

Al tener un sitio privilegiado en el autobús pudimos disfrutar de un magnífico paisaje, que nos llevó por la pequeña iglesia roja, los márgenes del lago Floen y el espectacular lago de Olden.

El paisaje era impresionante, pero al estar en la primera fila de los asientos del autobús, además de disfrutar del paisaje, sufríamos (sobre todo yo, que tengo algo de vértigo) un miedo espantoso por los enormes acantilados que atravesábamos, que me impidió disfrutar del todo de los magníficos escenarios naturales por los que pasábamos.

Luego nos llevaron hasta el Rustoen y desde allí nos encaminamos hasta Briksdal Inn, desde donde iniciamos la subida a pie hasta el glaciar, recorrido que nos llevó unos cuarenta y cinco minutos, con paso tranquilo, mientras nos íbamos haciendo confidencias sobre nuestras vidas.

El camino era sinuoso y además se estrechaba a medida que avanzábamos. A izquierda y derecha disfrutábamos de un incomparable paisaje entre montañas y preciosos saltos de agua hasta llegar al glaciar, que apreciamos en toda su inmensidad.

En el autobús de regreso al barco quedamos en encontrarnos una hora más tarde en uno de los bares de la cubierta cuarta para cenar juntos.

Después de una ducha y vestido para la ocasión, le dejé una nota a Pedro en la que le decía que no regresaría hasta tarde porque iba a cenar con la persona que le dije que atendí en Bergen.

Me fui al bar en el que habíamos quedado y como teníamos el «todo incluido» me pedí un *whisky* con hielo y me senté junto a una ventana a disfrutar mi copa, tomándola sorbo a sorbo. Me relaja mucho observar el mar; en ese momento podría decir que incluso las olas estaban aplacadas.

No habían pasado más de dos minutos cuando Miguel (que así me había dicho que se llamaba) me dio una palmada en el hombro a modo de saludo y con una amplia sonrisa me dijo:

—Habrá que pedir algo para estar a tono.

Una vez terminadas las copas, nos dirigimos a un comedor en la cubierta 7, que solo era para personas VIP. Era la razón por la que no le había visto las noches anteriores en ninguno de los otros restaurantes. Miguel ocupaba una de las *suites* de la cubierta superior, lo que le daba derecho al uso de determinadas zonas especiales, a las que no teníamos acceso el resto de los pasajeros.

Cenamos de maravilla, ya que se creó un increíble ambiente entre ambos. Como comentó Miguel, «buena gente con buena comida». Luego nos retiramos a una pequeña salita a tomar el café y una copa caliente de *brandy*. Era un entorno que favorecía las confidencias. Tal vez por eso Miguel comenzó a contarme, supongo que con sinceridad, su actividad en los últimos doce años:

—Verás, Javier. Soy economista, pero no he ejercido nunca, ya que desde muy joven me he dedicado a la política. Comencé con enorme ilusión, pero los años transcurridos conociendo el desarrollo de compañeros y partidos en general, a lo que se suma el infarto que sufrí el pasado verano, me han hecho replantearme la vida y el modo de hacer política.

Me sorprendió sobremanera que se dedicara a la política; no había conocido a nadie hasta ese momento con un importante cargo en un partido político, con escaño en el Parlamento y que hubiera desempeñado importantes cargos en embajadas en varios países.

—Ahora me siento decepcionado por la deriva que han tomado los partidos políticos y me planteo si ha merecido la pena lo que he hecho hasta ahora. En consecuencia, estoy revisando mi vida.

Era evidente que me iba a dar una lección del arte de la política actual, por lo que, tras solicitar una nueva copa, empezó su «lección»:

—Actualmente, muchos políticos son verdaderamente escépticos ante la posibilidad del juego limpio en su actividad. Por supuesto, no lo confiesan, pero sus actitudes y hechos confirman que para un político mentir es parte integrante, diría casi esencial, de su profesión. Su valor fundamental —siguió— es ser oportunista, vendiendo a los ciudadanos con absoluta convicción lo que ordenará en cada momento el partido sobre cualquier aspecto público, pero, por supuesto, aparentando ante los demás elevados principios. Por eso —continuó diciendo— debo de manera urgente emprender un camino seguro hacia el verdadero bien común, renunciando a ser un simple figurante en la obra teatral con el papel que me marcan. Ya no me da igual contradecirme si me lo ordenan, ocultar o desvirtuar datos, leer como un papagayo discursos, declaraciones y propaganda que no aporten soluciones reales, sino que añadan, si cabe, más confusión y problemas con palabrería inútil y vacía. Por eso —me seguía contando— precisaba unos días de descanso, desvinculado de mi vida diaria, y no se me ocurrió nada mejor que un crucero para reflexionar y poder empezar, a pesar de los problemas que me van a surgir, a dar ejemplo de juego limpio, claridad en los planteamientos y, sobre todo, persuadir a la clase política de la ventaja de ser honrado de cara a su electorado.

Miguel hablaba despacio y, como ya nos habíamos bebido tres copas, pensamos que era momento de irnos a nuestros camarotes. Antes de retirarnos me preguntó:

—¿Qué vas a hacer mañana?

—En principio, me gustaría ir a la excursión que está organizada —respondí.

—¡Ah! Pues si no te importa pasamos por recepción y vamos juntos.

—Por supuesto. Estaré encantado, Miguel.

Tras sacar los tiques para la excursión del día siguiente nos retiramos a nuestros camarotes.

Al llegar al camarote, Pedro estaba leyendo encima de la cama; me contó que lo había pasado guay, pero no había salido del barco para nada. Habían comido, bebido, bailado y también vieron un espectáculo en el teatro del barco.

Aproveché para comentarle lo que se había perdido, ya que Olden (municipio de Stryn) no llegaba a quinientos habitantes y estaba situado en el valle de Jostedalsbreen y su glaciar es el mayor casquete helado de Europa, con cerca de quinientos kilómetros de extensión y unos sesenta de longitud. Mi intención era aprovechar la charla para intentar que incrementara algo sus vivencias y, al mismo tiempo, su conocimiento geográfico-histórico del viaje.

A la mañana siguiente (el madrugar es uno de los peores aspectos que llevaba del crucero, pero si no sería imposible ir a las excursiones, así que…), antes de desayunar, leí un poco el diario de a bordo que nos dejan en el camarote, con información de Geiranger y de Hellesylt, lugares que íbamos a visitar ese día.

Tras desayunar bajé a la cubierta tercera, de donde salían las excursiones, y enseguida descubrí a Miguel, que ya estaba en la fila de salida.

Nos correspondió el autobús número 2 y a los pocos minutos de acomodarnos en nuestros asientos iniciamos el recorrido que habíamos contratado: salimos de la ciudad de Geiranger y nos llevaron por el cañón de Flydal.

Subimos hasta una altitud de cerca de 1.500 metros, donde se encuentra Dalsnibba, desde donde se aprecia una panorámica espectacular de todo el fiordo.

El Geirangerfjord es, probablemente, el fiordo más bonito de Noruega, con abruptas e imponentes montañas y una gran cantidad de saltos de agua que descienden por sus laderas conformando un paisaje irrepetible.

Almorzamos en el camino. Tanto Miguel como yo hicimos cientos de fotografías con nuestras cámaras digitales (en la seguridad de que tendríamos que borrar más del 90 por ciento, pero aun así quedarían muchas, tal vez alguna buena). Nuestra conversación era fluida y se refería en exclusiva a la belleza del entorno, de sus paisajes y las costumbres de su gente. En definitiva, unas horas verdaderamente agradables.

Pasando por el parque nacional del glaciar Jostedal nos dirigimos hasta el lago y el río Stryne y, más tarde, al lago Hornindal, el más profundo de Europa con sus 514 metros de profundidad. Finalmente nos dejaron en Hellesylt, donde volvimos a subir al barco.

Allí me encontré con Pedro en el pasillo y, tras descansar un rato en el camarote, contándonos nuestras experiencias del día, subimos a cenar a uno de los restaurantes, donde ponían carnes a la brasa, chorizos, tocino… A la gente a nuestro alrededor se la notaba relajada y con ganas de disfrutar. Conformaban un entorno de lo más agradable.

Cuando estábamos a la mitad de la cena apareció Miguel, que nos había estado buscando por el barco. Se sentó con nosotros y terminamos de cenar juntos en un ambiente tan relajado como venía siendo habitual en su compañía. Cuando acabamos de cenar Pedro se levantó, diciéndonos que había quedado con sus amigos, y nos dejó de nuevo solos en el restaurante.

Anunciaron por megafonía que empezaba el momento del karaoke y decidimos ir allí a ver qué ambiente había. Nos tomamos un *gin-tonic* mientras escuchábamos a presuntas figuras del cante con mejor intención que arte, pero que con el seguimiento entusiasta de cuantos allí estábamos creaban un ambiente relajado y festivo.

Nos fuimos a unas mesas próximas a la entrada del casino y ocupamos una en la esquina izquierda, alejada del barullo que se percibía en la sala de juegos y de sus máquinas tragaperras, que llegaban incluso hasta las puertas del casino.

En cuanto nos sirvieron las bebidas Miguel me dijo:

—Si no te importa, te sigo contando algún otro aspecto de mi percepción de la política. Y te lo agradecería, porque no tengo a nadie más a quien contarle estas reflexiones, incluyendo a mi esposa.

—Por supuesto. Además, sinceramente, me interesa muchísimo, ya que no había tenido oportunidad de conocer las interioridades de la política y los políticos y de verdad me enriquece muchísimo.

Así que comenzó de nuevo a desgranar sus reflexiones sobre qué hacer para que la «polis» estuviera bien gestionada.

—Tenemos que reflexionar sobre la historia de nuestro país. Ya sabes que quienes olvidan su historia están condenados a sufrir su repetición.

—Eso es cierto —dije—, pero es que la mayoría de los ciudadanos estamos muy ocupados con el día a día y no nos plantemos esas cosas.

—Sí, pero muchos saben que durante el siglo XX los pueblos reaccionaron contra los abusos de la partitocracia que posibilitaron el triunfo del estalinismo en Rusia, el nazismo en Alemania, el fascismo en Italia, el franquismo en España, el salazarismo en Portugal… Aunque ya sé que es mucho mejor la situación que ahora tenemos que la trágica experiencia de los totalitarismos.

—Pero eso lo vemos muy lejos ya —comenté—. Ahora votamos cada cuatro años y los partidos políticos se encargan de la «política» general.

—Tenemos que controlar a los partidos políticos. Hay que regenerarlos, ya que están destinados a cumplir un importante rol en una sociedad moderna y deben jugar un papel relevante en la operación del cambio necesario.

—¿Y cómo podemos hacerlo?

—Para ello tenemos que empezar a recortar las ventajas, prebendas y garantías judiciales más allá de las de los ciudadanos normales a los dirigentes políticos, las subvenciones de las que disfrutan, que se las otorgan ellos mismos, e impedir las actuaciones que casi siempre les caracterizan, acompañadas con entusiasmo por las centrales sindicales.

—Pero seguro que hay muchos políticos decentes…

—A pesar de que la mayoría de los dirigentes políticos, al menos en algunos casos, están arrepentidos y dispuestos a resolver la corrupción y el despilfarro, en la práctica mantienen sus posturas partidistas, acusando a los otros partidos como en el dicho de no ver la viga en su ojo y sí la paja en el ajeno.

—Seguro que hay sistemas de control que estarán fallando.

—Muchos de los partidos políticos, opinión avalada por el tribunal auditor del país, están quebrados técnicamente, y eso que muchas instituciones financieras han condonado miles de millones de doblones a los partidos. Se supone que a cambio han recibido mucho más en concesiones que lo que les adeudan, ya que no son precisamente unas ONG. Es imprescindible, por tanto, el control de los partidos políticos y revisar sus gastos con rigurosidad, pero no es fácil que ellos mismos se hagan el haraquiri, por lo que seguirán abusando del poder y disfrutando de los enormes beneficios que ellos mismos se han concedido. La mayoría de los partidos políticos y, por supuesto, sus dirigentes no sienten vergüenza alguna a pesar de estar en el punto de mira de la opinión pública. Y sabemos que cada día que pasa se tiene peor opinión de ellos.

—Pero los partidos políticos precisamente se crearon para resolver los problemas, no para generarlos, y para que se ocupen del bienestar del pueblo.

—Efectivamente. Los partidos políticos existen para solucionar los problemas del país, pero se han convertido en una pesada carga, si bien su desaparición sería volver a un sistema totalitario, volviendo al extremismo de derecha o izquierda, que aterrorizaría a la mayor parte de los ciudadanos, que en su gran mayoría son moderados y con espíritu de concordia entre todos. No te pregunto si estás de acuerdo o no —continuó—. Ya reflexionaremos conjuntamente sobre estas cuestiones, pero ¿te importa que continúe un poco más?

—No, Miguel. Sinceramente, me encanta tu visión de la política y estoy entusiasmado con tus planteamientos.

—El problema más importante de nuestro país es el enorme despilfarro que se ha generado con un sistema político ilógico, inconsciente y negligente, inspirado por políticos mediocres, invirtiendo en proyectos que costaron millones de doblones y que, por supuesto, fracasaron.

—Seguro que estás pensando cómo aportar alguna solución.

—Sí, nuestro proyecto no debería ser de derechas ni de izquierdas y solo debería pretender luchar por ese 95 por ciento de ciudadanos incautos y que se libren de ese 5 por ciento de listillos que se hacen llamar políticos.   Hemos abrazado con tal ilusión la política que tenemos el privilegio de ser el país de nuestro entorno que más políticos tiene por número de habitantes entre las estructuras estatales, regionales, locales, etc. Por no detallar las innumerables empresas públicas, donde recalan los propios políticos.

—Eso sí que aparece frecuentemente en prensa: políticos de cualquier signo que ocupan puestos en los consejos de administración de empresas e instituciones internacionales, etcétera.

—Logramos alcanzar ¡muchos más políticos que médicos, policías, bomberos y maestros juntos! Claro que sus salarios no tienen nada que ver con los de estos profesionales. ¡Se multiplican por varios enteros! Y sin necesidad de tener una formación adecuada, sino un carnet de cualquier partido político. Deberíamos luchar para que no se aprovecharan los políticos de sueldos para toda su vida y decidir coherentemente sobre los necesarios ahorros de la sociedad, evitando que se ahorre el chocolate del loro para la sanidad y se siga despilfarrando en coches oficiales o cobrando el copago en las medicinas para los jubilados mientras se gastan millones en políticas lingüísticas.

—Sí, es verdad. Es un verdadero escándalo.

—Bueno, creo que ya ha sido bastante por esta noche, pero la verdad es que me ayuda mucho contártelo, porque me ayuda a reflexionar y a tomar la decisión que debo adoptar a mi regreso al país.

Nos despedimos de esa forma hasta el día siguiente.

Por fin un día completo de navegación, sin parada en ningún puerto. Al fin podríamos descansar, ya que desde que llegamos a Olden todos los días habíamos tenido que madrugar y los viajes en autobús y las visitas programadas en las excursiones cansaban muchísimo. En ese momento me acordé del dicho «la dura vida del turista». Efectivamente, es así, aunque seguimos igual, porque no es fácil ver muchas cosas en poco tiempo y, por suerte, aún no hemos caído en el vicio de solo fotografiar y verlo luego tranquilamente cuando regresemos a casa.

Precisamente, lo bonito es vivir cada monumento en sus lugares y, si es posible, recorrerlos tranquilamente a pie, conversando con sus gentes, observando sus costumbres y su diferente forma de vida.

Para celebrarlo no me levanté hasta las diez de la mañana. Pedro ya se había marchado, así que tras una tranquila ducha, un afeitado y hasta un toque de mi agua de colonia preferida para completar mi *look* más adecuado para el crucero, me dirigí a uno de los comedores para darme un homenaje gastronómico.

Así que, además del diario café con leche, me puse unos huevos fritos con jamón, dos salchichas, unas tostadas con mantequilla y mermelada y di cuenta de ellos en la cubierta 11, vigilando el mar con cara seria, como de lobezno marino.

Leí tranquilamente dos periódicos, uno de información general y otro de economía, en los que tampoco encontré ninguna oferta de empleo que mereciera la pena, pero al menos me enteré un poco de lo que ocurría en el mundo, o de lo acontecido según la más o menos acertada visión del reportero.

Al bajar a la cubierta 6 para tomar un aperitivo me encontré con Pedro, que estaba con unos amigos y que vino a charlar un rato conmigo. Me dijo que como era el día entero de navegación se estaba mucho peor en el barco, porque en todas partes había mucha gente al no salir ninguna excursión, y era un poco agobiante.

Estuvimos un rato hablando sobre las muchas actividades que se hacían en el barco y que, la verdad, a mí no me había dado tiempo de descubrir. Así, me contó que el día anterior había aprendido a hacer nudos marineros (no sé muy bien qué utilidad tendrá eso para su futuro) y había participado en varias competiciones de baloncesto, pimpón, voleibol… e incluso había asistido a clases de baile y karaoke. Total, que lo estaba pasando, como me decía él, de forma total.

Me puse el traje de baño y pasé las dos horas siguientes entre la piscina, el *jacuzzi* y una breve sesión de *spa*. La verdad, una maravilla para estar relajado y dispuesto a dar cuenta de una buena comida.

Tras cambiarme de ropa me dirigí hacia el comedor y coincidí en el ascensor con Miguel, de forma que nos dirigimos a su comedor VIP para degustar mejores viandas y bebidas (ya se sabe que cuando algo es más caro es porque es mejor en algo, o en varias cosas a la vez).

Después de una copiosa comida (creo que en esos días había incrementado mi peso habitual en uno o dos kilitos de nada), nos fuimos a una de las salitas a tomar café y una copita (o dos) de coñac francés.

Tras comentar de casi todo lo habido y por haber, Miguel me dijo abiertamente:

—Supongo que seguirás buscando trabajo. ¿O has desistido ya?

—Por supuesto que no. Continúo viendo las ofertas de trabajo y enviando currículums, manteniendo entrevistas y aprovechando el *networking* que he ido acumulando en los años de trabajo. —¿Qué otra cosa podía decir? En realidad, cada vez mandaba menos currículums, tenía escasas entrevistas de trabajo y los amigos y conocidos no me proporcionaban contacto alguno.

—Pues si te parece bien vamos a analizar una posibilidad de que te incorpores a una actividad muy interesante.

—Perfecto. Me encantaría.

—Bueno, vamos a ir a un sitio más discreto. Podemos ir al área de *business* y nos sentamos en un despacho.

—Muy bien, vamos allá.

Nos sentamos en una mesa redonda de uno de los despachos que había en la última cubierta, en el que se podía apreciar una total tranquilidad y sonaba una muy suave música de fondo, lo que conformaba un entorno muy agradable para el trabajo.

Al poco tiempo Miguel empezó a contarme un proyecto que, aunque no entendía muy bien, podría ser muy interesante. Me comentó:

—Como te decía, estaba desencantado con el sistema actual de partidos, por lo que había decidido dejar esa actividad y dedicarme a la empresa privada, pero junto con algunos compañeros, tanto de mi partido como de otros, hemos decidido crear un nuevo partido que realmente coincida más con nuestras ideas y que nos posibilite retomar la ilusión y las ganas de hacer algo importante para nuestro país. Estamos en esa línea desde hace varios meses, pero no nos habíamos atrevido a dar el paso definitivo hasta hace tres meses, cuando decidimos darnos de baja en nuestros respectivos partidos políticos y crear el nuevo de inmediato a fin de presentarnos a las elecciones que se celebrarán dentro de ocho meses.

—Me parece excelente. Así podréis hacer un partido honesto que de verdad trabaje para la gente.

—Según he podido apreciar en estos pocos días que hemos estado juntos, tú podrías hacer una interesante aportación por tu experiencia en organización de empresas y como conocedor de las características de la empresa privada, que muchos de los políticos no tenemos y que, por supuesto, necesitamos.

La verdad es que la oferta me sorprendió y le dije sinceramente:

—¿De verdad? Es que de política no sé nada, por lo que probablemente no podré ser de utilidad para vosotros.

—Precisamente por eso es por lo que puedes hacer una buena labor en el partido.

—Sinceramente, como no tengo trabajo, aunque estoy pendiente de dos propuestas —mentí—, lo que podemos hacer es que me tengáis a prueba un tiempo y en función de eso decidís si soy la persona adecuada para trabajar en el partido.

—Me parece estupendo. Te puedes incorporar nada más regresar del crucero, pero si no te importa, pasado mañana en Edimburgo me gustaría contar contigo en una reunión que tengo con unos políticos escoceses.

—Encantado. Te acompañaré.

—Pues bienvenido al barco. El del partido, claro. En este, con que siga como hasta ahora tendremos un viaje perfecto.

—Muchas gracias, de verdad, Miguel.

Nos despedimos para ir a descansar un rato, si bien cuando llegué a la cabina e intenté dormir me fue imposible, ya que mi estado de ánimo estaba entre temeroso, nervioso, excitado y creo que hasta alegre, aunque no tanto como había pensado que estaría cuando por fin encontrara un trabajo.

No me apetecía ir al comedor a cenar, por lo que pedí que me la llevaran al camarote, donde cené mientras seguía dándole vueltas a la oferta de trabajo y miraba la televisión sin prestarle demasiada atención.

Eran ya las doce cuando regresó Pedro a la cabina y, por supuesto, le comenté con pelos y señales la oferta de trabajo dentro de la organización del nuevo partido político, a lo que lo único que dijo fue:

—Mola. En eso de la política se gana mucha pasta.

Y sin más comentario se quedó profundamente dormido.

A mí me costó mucho dormirme, pensando siempre en lo del trabajo, del que se me ocurrían miles de preguntas sobre su contenido, funciones, dependencia jerárquica, cuántos empleados había…

Cuánto me hubiera gustado contárselo a mi mujer, no solo por la alegría que estaba seguro de que le embargaría, sino para desahogarme un poco de la emoción, ¡pero era tan caro hablar desde el barco…!

Al día siguiente me fui a la cubierta del nivel 3 para incorporarme a la excursión que salía desde el puerto de Invergordon, pequeña ciudad de las Highlands escocesas, donde visitamos, además del famoso castillo de Balnagown, del siglo XV, antiguas abadías e imponentes castillos (Urquhart, Dunrobin y Cawdor) y, por supuesto, no podía faltar el lago Ness y su ¿desaparecido? monstruo.

Ese día decidí hacer la excursión fundamentalmente por el lago Ness, que de alguna manera era la que más me apetecía por lo mucho que todos hemos leído sobre fábulas relacionadas con su monstruo, llenas de misterios que aún hoy en día permanecen en muchos de sus habitantes, que entre risas, casi miedos e incluso reverencia histórica le llamaban familiarmente Nessie.

El autobús se dirigió al suroeste, bordeando el río Cromarty Firth hasta las ruinas de la abadía de Muir of Ord y Beauly para descender por una pronunciada colina hasta llegar al lago Ness, que es el lago de agua dulce más profundo de Gran Bretaña. Visitamos la ciudad de Fort Augustus y el sistema de esclusas del canal de Caledonia.

Ya de regreso bordeamos el lado contrario y pudimos apreciar la espectacular belleza de las cataratas en el pueblo de Foyers, el castillo de Urquhart, Dores y finalmente llegamos a la ciudad de Inverness (capital de las Highlands), desde donde, tras una típica comida escocesa y un largo paseo por sus calles, regresé a Invergordon para subir a bordo del barco justo unos minutos antes de la hora establecida para el embarque.

Al llegar a mi cabina encontré una nota de Miguel, en la que me ponía que no iría a la excursión porque debía trabajar en la preparación de la reunión del día siguiente y que nos veríamos entonces, en cuanto se pudiera desembarcar, en la cubierta tercera.

A las siete de la mañana atracó el barco en Leith, un barrio al norte de Edimburgo. Desayuné y bajé a la cubierta a esperar a Miguel, que bajó con unos portafolios negros que parecían bastante pesados.

Tomamos un taxi y entramos en una cafetería en pleno centro histórico de la ciudad. Tras tomar un café nos adentramos en el entramado de callecitas y callejones medievales, que recuerdan a las historias de famosos asesinos como Burke y Hare, que en estas calles acorralaban a sus víctimas; y lugar de actividad del conocido ladrón Deacon Brodie, cuyas «hazañas» se novelaron en la obra de Stevenson *El extraño caso del Dr. Jekyll y Mr. Hyde*.

No sé si el entorno era el más adecuado para una reunión política. Más bien parecía un marco propio de una conjura revolucionaria.

Entramos en un *pub* con decoración tradicional en estilo y mobiliario y nos sentamos en una especie de reservado que había al final de la barra.

El *pub* estaba a esas horas totalmente vacío y la tranquilidad era total. Miguel sacó una serie de documentos de su portafolios, haciéndome entrega de algunos de ellos mientras me decía:

—Voy a hacer una visita a un caballero inglés que me va a informar previamente de cómo se han desarrollado las reuniones mantenidas sobre las elecciones del próximo mes de octubre. A continuación volveré e iremos a reunirnos con las personas que conforman su sección de relaciones exteriores. No creo que sea más de una hora y media; ve leyendo estos documentos sobre los principios fundacionales de nuestro partido y la tramitación burocrática de la constitución, que estamos haciendo en estos momentos para tener la documentación preparada en el más breve plazo posible, porque no tenemos tiempo que perder ante las inminentes elecciones.

Salió Miguel del *pub*, me levanté y fui a la barra para pedir una pinta de Guinness, que, como manda la tradición, la tiraron de forma lenta, quedando finalmente en el borde una delgada capa de espuma.

Sentado a la mesa de nuevo, leí con atención los «principios fundacionales del partido», que se iniciaba con el nombre de Partido para el Desarrollo de la Libertad (PDL), de los que fui tomando notas para situarme en el contexto de mi nuevo puesto de trabajo provisional.

Propuesta para el nuevo partido político:

- *Uno de los objetivos es dar confianza a los ciudadanos para que vuelvan a creer en la política y en los políticos, acabando con la corrupción (y tomar decisiones drásticas contra los responsables de los grandes escándalos, a todos los niveles de la Administración, que desviando millones de doblones iban a parar a los bolsillos de muchos políticos y entidades variopintas, curiosamente administradas por personas próximas a ellos).*

- *Las acciones se deben centrar en una de las generaciones perdidas para la política, que está conformada por personas de entre veinticinco y treinta y cinco años que no han participado en nada, pero sin repetir cuentos fantasiosos, sino proponiendo soluciones posibles.*
- *La idea es alejarse de los muchos pequeños partidos, con énfasis en la ecología, feministas, por la liberación de la droga, la protección de cualquiera de las especies de animales…*
- *Nuestro objetivo será mejorar el tejido empresarial, mejorar el empleo, sobre todo de los jóvenes, y controlar las subvenciones con una cuidada planificación a medio y largo plazo.*
- *Desterrar la pobreza y liberar a los excluidos sociales como metas fundamentales, haciendo exactamente lo que propongamos en nuestro programa.*
- *Vamos a aprovechar los recursos humanos que tenemos con una organización coherente, una gestión económica eficaz, mejorando la educación, mejorando las infraestructuras, las redes telemáticas, la digitalización, la tecnología industrial, el transporte público, la sanidad, la generación energética, etc. En definitiva, una nueva forma de gestionar la modernidad.*
- *Tendrá un marcado talento liberal, sin complejos, con equipos técnicos que sustituirán a ideólogos, publicistas y oradores con mensajes vacíos.*

Tomé una serie de notas sobre los aspectos que más me llamaron la atención entre las medidas que planteaban, como la inmigración ilegal, promoviendo la legal; un nuevo urbanismo bien organizado, previendo las necesidades actuales y futuras, mejorando el tráfico para mejorar el medio ambiente y fomentando transportes ecológicos; evitar la emigración de los jóvenes, proporcionándoles la posibilidad real de un trabajo digno; mejorar la investigación; una política de vivienda más justa; mejorar las redes telemáticas a una velocidad mínima en la línea de las más rápidas, con conexiones wifi públicas y gratuitas; adecuar vida activa y la jubilación con pensiones dignas; apoyar la vida familiar y promocionar la natalidad… En definitiva, superar el viejo modelo existente.

El problema, en principio, parecía la debilidad de la fuerza económica para hacer frente a una campaña política eficaz, ya que el talento, la honestidad, la preparación técnica y la buena energía no parecían ser suficientes para conseguir un resultado aceptable.

Lo que me pareció una magnífica idea (tal vez por eso de que el hambre agudiza el ingenio) era el planteamiento de la campaña con un uso intensivo de las redes sociales, fomentando las aportaciones de todos los electores con un trato muy personalizado (de hecho, en la estructura temporal para la campaña el número de *community managers* era muy importante).

En fin, con los oportunos subrayados y releídos estos di por concluida mi información, no fuera a tener una indigestión intelectual (o política, que probablemente fuera más grave), y me pedí una nueva pinta.

Entró Miguel con dos señores elegantemente vestidos, a quienes me presentó. Después nos dirigimos los cuatro a un coche que habían dejado en la puerta y que nos llevaría al lugar establecido para la reunión, que era una de las estancias de uno de los formidables castillos que durante siglos los reyes y reinas eligieron como residencia.

Antes de entrar en la sala, uno de los que nos acompañaron se ofreció a enseñarme el castillo y fue una experiencia muy interesante, ya que forma parte de la historia y la leyenda por haber sido escenario de numerosas batallas.

Nos incorporamos a la sala de reuniones y su desarrollo giró en torno, más o menos, a las mismas cuestiones que se reflejaban en la constitución del nuevo partido, por lo que me resultó familiar e incluso intervine algo, basándome en el documento y agregándole un tinte de experiencia personal que a Miguel le gustó.

Al finalizar la reunión todos los asistentes, incluido yo, firmamos un acta que reflejaba algo así como un hermanamiento entre partidos.

Regresamos al barco y a la mañana siguiente volvimos a nuestros domicilios, concluido ya el crucero por los fiordos.

Quedamos en vernos el lunes siguiente a las nueve de la mañana en la sede provisional del partido.

Al fin he encontrado trabajo

Nada más llegar a casa contamos a mi mujer y a mi hija, con versiones radicalmente diferentes, nuestra perspectiva de la experiencia del crucero, por lo que mantuvimos una larga charla, que se prolongó después de la cena hasta altas horas de la madrugada.

Nos fuimos a la cama y nada más entrar en la habitación mi mujer me espetó de forma directa:

—¿Qué sueldo te van a pagar? ¿Es un contrato indefinido? ¿Estarás dado de alta en la Seguridad Social? ¿Te ha enseñado el contrato? Ya sabes que de estos políticos no te puedes fiar.

Sinceramente, no había pensado en ello. Total, creí que como no tenía nada, pues algo es algo; pero, efectivamente, no tenía ninguna información y así se lo dije. Es más, le comenté que ni siquiera se lo había preguntado.

—Tú eres tonto. Parece mentira que a tu edad te ilusiones con una tontería y concretes cualquier cosa que vayas a hacer. ¡La experiencia no te sirve de nada!

—Bueno, el lunes cuando vaya lo pregunto todo, no te preocupes.

Las dichosas preguntas bullían en mi mente y me costó mucho conciliar el sueño; en vez de contar ovejitas contaba contratos, seguros sociales, salarios…

Finalmente llegó el lunes. Allí estaba yo, diez minutos antes, en los alrededores para estudiar el terreno y, por supuesto, para estar puntual y dar una buena imagen en el primer día de trabajo.

Tanto la calle como la casa y la decoración de la recepción y la sala de espera en la que estaba denotaban elegancia y buen gusto. Se abrió la puerta y un Miguel, sonriente y cordial, me abrazó, dándome de nuevo la bienvenida a este proyecto político que tenía muy buenas posibilidades de ser interesante, creativo, dinámico y atrayente en todos sus aspectos.

—Bien —me dijo—, vamos al departamento de recursos humanos para resolver los problemas legales y de inmediato nos ponemos a trabajar.

Pasamos por un pasillo donde a derecha e izquierda había varios despachos, unos con alguien dentro y otros vacíos, y se veía al final un enorme espacio con muchas mesas; nos detuvimos en uno de los despachos, donde se veía el rótulo: «Recursos Humanos».

—Javier, te presento a Raúl, que es el director de recursos humanos. Le llamé desde Edimburgo para que tuviera toda la documentación preparada. Aunque no hemos tenido ocasión de hablar de ello, las condiciones de inicio son 250.000 doblones anuales; por supuesto, de alta en la Seguridad Social, vacaciones y demás beneficios sociales; pero el contrato es de solo un año, por si no conseguimos el número de diputados que nos permita continuar.

Tenía toda la documentación preparada, por lo que firmamos el contrato, el alta en la Seguridad Social… Absolutamente escrupuloso con la legislación vigente (como es lógico en un partido político, que debe ser mucho más riguroso que ninguna otra organización en materia laboral, entre otras, naturalmente).

A continuación Raúl me condujo por el resto de los despachos, presentándome a todos los colaboradores: empleados, muchos de los que conformaban la lista de candidatos, voluntarios, representantes de empresas que ofertaban todo tipo de servicios y cuantos de una forma u otra realizaban todo el tinglado electoral, al parecer, de cualquier formación política al uso.

Se había hecho la hora de comer, por lo que Raúl y Carlos (secretario de organización del partido) me invitaron en un restaurante próximo y completaron la información que, decían, se requería para que fuera eficiente en mi nuevo puesto como jefe de organización, que en el organigrama estaba a las órdenes de Carlos, pero desde una posición técnica, supuestamente sin implicaciones políticas.

La sobremesa se alargó, de manera que cuando regresamos a la oficina solo me dio tiempo para tomar posesión de mi despacho.

A la mañana siguiente estaba en la oficina media hora antes de la establecida para la entrada. Ya en mi despacho, estaba leyendo los catálogos publicitarios cuando Carlos entró y se sentó cómodamente en la silla frente a mi mesa.

—Verás, ahora que estamos en el trabajo vamos a organizar los recursos disponibles para comunicar lo que realmente deseamos. Y aunque te parezca improcedente, vamos a hacerlo con realidad, es decir, diciendo a los votantes potenciales que vamos a hacer lo que ellos quieren oír.

—Bueno, pero eso no es lo que dice el programa…

—Iremos modificando el programa en función de lo que los votantes nos vayan aportando a lo largo de la campaña sin, por supuesto, renunciar a lo importante.

—Me parece bien. Aunque, la verdad, como no tengo idea del funcionamiento de los partidos no tengo aún opinión al respecto.

—No importa, Javier. He pensado que para que tu función sea lo más eficiente posible lo que deberías hacer en las próximas dos semanas es visitar todas nuestras sedes provinciales.

—De acuerdo. ¿En qué orden y cómo queréis que lo haga?

—Desde recursos humanos te han asignado una secretaria, que se incorporará esta misma tarde, en cuanto termine una serie de temas que tenía pendientes en el departamento de propaganda. Con los datos de todas las provincias, sus responsables y los componentes de las listas trabajáis para organizarlo y que tu secretaria te vaya concertando las entrevistas y haciendo el seguimiento correspondiente.

—Entonces esta misma tarde nos ponemos con ello y a partir del lunes comienzo las reuniones en las provincias.

—Te adelanto que no te va a resultar muy cómodo, pero es imprescindible que conozcas desde la base la estructura real, incluso antes de tomar ninguna decisión.

—No te preocupes. Estoy acostumbrado al trabajo con delegaciones y supongo que será más o menos por el estilo.

Tras despedirse amablemente, salió del despacho con dirección al departamento de propaganda.

Por la tarde entró en mi despacho una chica alta, rubia y de grandes ojos que, sonriente, se adentró en el despacho con decisión y, bordeando la mesa, me dio dos besos en la mejilla y se sentó en una de las sillas frente a mí.

—Soy Blanca. En el departamento de recursos humanos me han designado como tu secretaria. Antes de que me des tu opinión te diré que, aunque estoy en el último curso de la carrera de Ciencias Políticas y Sociales, llevo trabajando varios años en diversos departamentos de uno de los partidos políticos más importantes del país y estoy muy ilusionada en continuar mi experiencia laboral en este nuevo partido, que coincide con mis ideas.

—Pues muy bien. Me alegro de conocerte y espero que hagamos un buen equipo, si bien tendrás que soportar mi total ignorancia en política.

—Estoy segura de que haremos un buen equipo.

—Bien, Blanca, pues vamos a ponernos manos a la obra. Iniciaremos desde mañana los contactos con los líderes de todas las provincias; lo haremos en círculos concéntricos a fin de optimizar los viajes y lograr entrevistarme con todos en el menor plazo posible.

—Perfecto. Voy a hacerme con todas las bases de datos, no solo de los que componen las listas en las diferentes provincias, sino de todos, así como de los programas, de los pocos que disponemos de las campañas que tienen diseñados en cada lugar.

—De acuerdo. Vamos a recopilar todos los datos posibles, un perfil de cada candidato, al menos el primero de la lista, y comienza a prepararme las entrevistas a partir del próximo miércoles. Y me gustaría no tardar más de quince días en terminar esta fase.

—Para eso tienes que estar en dos o tres provincias por día. Eso es una paliza.

—Creo que es lo que tengo que hacer, de manera que vamos a intentarlo.

—De acuerdo, Javier.

Pasado un rato, me fui a casa pensando en si este era un trabajo que pudiera desempeñar o era algo que sobrepasaba mi preparación, experiencia y conocimientos prácticos.

Cuando llegué no había nadie en casa. Pedro estaba haciendo prácticas en un estudio jurídico especializado en derecho internacional. Era ya el segundo año de prácticas que hacía por las tardes y en unos meses acabaría la carrera. Claro que la «niña», María, ya estaba en el segundo curso de Bellas Artes. Mi mujer, Pat, había salido al cine con unas amigas.

¡Cómo se pasa el tiempo!

Me quedé revisando mentalmente muchos de mis recuerdos: de mi esposa, de la boda, los niños, el trabajo; parecía que hubiera pasado un siglo y medio.

Me sobresaltó el ruido de la puerta; era María, que con una enorme carpeta entró como una exhalación en el salón, me dio un beso y, sin dejarme decir nada, argumentando que tenía mucho trabajo, se fue a su cuarto mientras seguía hablando por el teléfono móvil, del que no parecía desprenderse ni de día ni de noche.

Puse la televisión, que en esos momentos iniciaba un programa de noticias y, como no podía ser de otra forma, hablaba de política, políticos, desempleo, corrupción… ¡Qué aburrido! Siempre lo mismo.

No pude salir antes, así que el domingo por la noche inicié la gira por todas las provincias, tal como habíamos programado. Había recibido de Blanca un exhaustivo informe con toda la documentación de los comités provinciales, de los candidatos, sus *curriculum vitae*… En fin, cuanto me permitiera afrontar las reuniones con eficacia.

Todos los días hablaba con Blanca y con bastante frecuencia con Raúl, Carlos y Miguel y les comentaba las diversas situaciones que se me iban presentando en los comités, sus actitudes, etc.

En mis visitas a las diversas provincias detecté que prioritariamente se insistía en la regeneración política; en que, aun siendo una necesidad inexcusable, el votante no creería que precisamente los que habían creado la corrupción fueran quienes la corrigieran.

No podía evitar recordar a Pío Baroja, que en su libro *Radiografía del golfo* reflexionaba: «Si los políticos, los directores de la farsa social, pudieran y quisieran exterminar a los golfos, ¿no correrían el peligro de exterminarse a sí mismos?».

En todas y cada una de las provincias me comentaban lo mismo y en sus comunicaciones externas transmitían casi exclusivamente la idea de la regeneración, la lucha contra el fraude y demás obviedades que ya casi ningún elector creía por haber sido reiteradas una y otra vez cuando se presentaban las elecciones y que, por supuesto, una y otra vez se habían incumplido.

Existía un verdadero desorden en casi la totalidad de provincias en las que presentábamos candidatos para el Congreso. Cada comité electoral provincial diseñaba su campaña, aun respetando las normas demasiado generales remitidas por la sede central del partido, a su albedrío, por lo que no lográbamos dar un mensaje claro y único en todo el Estado y estaba mediatizado por el engreimiento de muchos de los cabezas de lista, que esgrimían su éxitos pasados en otras campañas y partidos.

A mi regreso mantuve una larga reunión con Miguel y Carlos para informarles ampliamente de las gestiones realizadas. Decidieron convocar un comité de dirección ese mismo fin de semana para, entre otros temas, presentar mi informe.

Cuando me correspondió el turno me dirigí al comité para presentar mi informe, concienzudamente elaborado y al que dediqué mucho tiempo tanto en la oficina como en casa (aburriendo, como corresponde, también a mi mujer y mis hijos, obligados a escucharme, aunque no con mucho entusiasmo). Con calma hice un resumen de mis ideas, de cómo se debería enfocar la próxima campaña, así como de las modificaciones que consideraba necesarias en la organización provincial de la que disponíamos en ese momento:

—En algunas provincias no solo veían con reticencia mi visita y mis comentarios, sino que incluso los consideraban como una injerencia en sus funciones medievales sobre su territorio. Si pretendemos ganar, tenemos que aplicar un *marketing* efectivo, igual para todo el Estado, para hacer llegar el mensaje de nuestro partido a las personas correctas, con base en lo que quieren oír, con el objetivo último de conseguir votos olvidando aquello que, si hasta ahora se hacía de una manera determinada y piensan que tiene que seguir siendo así, es el mejor camino para que no lleguemos a las expectativas que nos hemos establecido. Tenemos que medir la efectividad de los actos de campaña, ayudándonos a saber si estamos cumpliendo los objetivos de nuestra campaña (que nadie tenía ni idea, o al menos no lo valoraban como hecho importante), ya sea en los vídeos, audios, textos, comunicaciones virtuales o en redes sociales que identifiquen a nuestro partido, no las diferentes expectativas de cada uno de los que figuran en las listas. Tienen que entender profundamente toda la campaña para conocer si las tácticas de comunicación que utilizamos en las diferentes provincias están en el enfoque adecuado y dónde no para así poder entender mejor cómo optimizar nuestra campaña estatal para conseguir el número de escaños que nos hemos fijado como objetivo. Debemos analizar lo que está funcionando y lo que no para alcanzar los resultados previstos. Y no por intuición, sino midiendo a quién llegan nuestros mensajes, cómo los perciben y cómo reaccionan a nuestros planteamientos. Tenemos que medir la efectividad de la campaña tanto a nivel provincial como estatal para obtener una visión holística e integrada de la tendencia en cada provincia y a nivel global.   En estos momentos la audiencia televisiva es muy alta y la publicidad, tanto gratuita como pagada, en todos los medios es costosa, por lo que la comprensión de nuestro mensaje debe ser una parte esencial de la campaña para estas elecciones. Los electores están cambiando y mucho, principalmente en estos momentos de crisis, y lo mismo pasa con los partidos. La tecnología evoluciona rápidamente y su uso es la manera más eficaz de atraer a los electores y acercarlos a nuestro mensaje común. Tenemos que saber cómo y cuándo llegar a los electores potenciales para tomar las decisiones de programación y planificación correctas. Los votantes de hoy están permanentemente conectados, por lo que tenemos que asegurarnos de que siempre estén informados de nuestras propuestas para cada uno de los segmentos del electorado, manteniéndonos así un paso por delante en todos los dispositivos móviles. Además, tenemos que identificar de manera concreta los grupos demográficos y de comportamiento para predecir qué segmentos y qué tácticas ofrecer a los votantes para conseguir el máximo de diputados. Tenemos que lograr una perspectiva integral de dispositivos, plataformas, redes sociales, blogs, bases de datos, emails masivos, así como el más profundo conocimiento de la forma en que los votantes utilizan y viven con esta tecnología, para ayudarnos a identificar y desarrollar estrategias viables que generen votos a nuestro partido. También tenemos que entender el cambio en las pautas de comportamiento de los oyentes de radio para maximizar los planes de comunicación electoral en ese medio. Tampoco puede faltar el uso de la neurociencia en el *marketing* político, ya que los sentimientos que guían nuestro comportamiento de forma subconsciente se determinan mucho antes de que seamos conscientes de ellos. Es prioritario definir los elementos de nuestra estrategia de comunicación más atractivos para los votantes, y esto se hace mediante una investigación seudocientífica del votante. Para los no familiarizados con esta técnica, se trata básicamente de medir las ondas cerebrales para proporcionarnos en tiempo real sus reacciones subconscientes y, por supuesto, también a nivel consciente. Para ello necesitamos disponer de un equipo multidisciplinar, compuesto por expertos en la gestión política y neurociencia, trabajando muy cerca de los candidatos de cada provincia para asegurarse de que las pruebas cumplen con las más estrictas normas científicas. Las necesidades de los votantes se están fragmentando y la diferencia con el resto de los partidos políticos es cada vez más compleja. Para ganar necesitamos mejorar nuestra estrategia para conocer sus necesidades y conectar realmente con ellos. No es suficiente que los miembros de las listas electorales de cada provincia hayan tenido éxito en elecciones anteriores; precisamos estar por encima del nivel de los demás partidos políticos. La agresividad de los otros partidos es muy fuerte y hay un sinfín de nuevas supuestas soluciones, muchas de ellas totalmente demagógicas, pero que muchas personas «compran». Tenemos que plantear soluciones a la economía, la convivencia, el empleo, la transparencia, la eliminación de la corrupción y un largo etcétera de una manera que parezca fácil, creíble y casi mágica; pero detrás de esta supuesta magia tenemos que hacer una gran inversión de tiempo, disciplina y análisis. Nuestro objetivo de campaña no debe ser otro que hacer llegar a los votantes nuestras propuestas de solución a sus problemas y características con el objetivo último de conseguir su voto. El perfil del votante no es tan diferente del *shopper* ante sus preferencias y comportamiento como consumidor en su proceso de compra de cualquier producto y por qué está influido en sus decisiones de compra. Creo que de alguna manera estas consideraciones son, entre otras, las precisas para aplicar en el partido en esta fase inicial, ya que si no se hacen, y entiendo que debe ser rápido, no será fácil llegar a los resultados previstos. Tal vez estos planteamientos no sean compartidos por ustedes, con más experiencia y conocimiento del sistema político del país y sus partidos que el que yo tengo. Difícilmente podré hacerme cargo de las responsabilidades que me han encargado si no se adoptan decisiones rápidas en esa línea, por lo que, como ya indiqué a Miguel, mi dimisión está a su disposición.

Hubo una serie de susurros y comentarios entre los que se encontraban próximos, algunas expresiones de sorpresa y otras con signos de aprobación, pero la realidad es que pasaba el tiempo (no sé si tal vez se me hicieron millones de segundos y en realidad eran unos pocos) y nadie contestaba absolutamente nada a mi exposición.

Por fin, uno de los que estaban casi a la mitad de la mesa se levantó y, dirigiéndose a mí, dijo:

—Tal vez piense que yo, que soy uno de los que visitó, estaba frontalmente en contra de sus argumentos, pero la verdad es que hoy lo ha expresado mucho mejor de lo que hizo en mi comité provincial y tal vez tenga razón en que tenemos que renovarnos.

—Pero este sistema —dijo otro de los que se sentaban frente al anterior— nos va a quitar independencia a las provincias, de manera que vamos a depender siempre de lo que diga la sede central.

—Y además —dijo un tercero—, ¿usted nos asegura que de esta manera que plantea vamos a obtener más votos que como lo venimos haciendo en mi provincia toda la vida en el partido en el que militábamos antes y que nos iba muy bien?

Surgieron una serie de comentarios de casi todos los asistentes, bastante críticos y poco creativos, pero en general no eran feroces críticas a lo expuesto por mí.

Solicitando silencio, tomó la palabra Miguel y dijo, dirigiéndose directamente a mí y con voz alta y grave a pesar de encontrarse muy cerca de donde estaba el atril desde el que me había dirigido a los asistentes:

—Tenemos solo unos meses para la fecha de las elecciones y no creo que tengamos tiempo de hacer muchos cambios en nuestra estrategia, de forma que los cambios que propugnas pudieran redundar en una mejora de los resultados, pero tal vez más a largo plazo. ¿Tú qué medidas concretas planteas para hacer efectivo este reto?

—Sinceramente —contesté—, creo que con solo unas pocas pero contundentes medidas para estos meses de campaña sería suficiente, aunque más tarde habrá que pulirlas e integrarlas en el manual de organización. Serían las siguientes:

»Compromiso pleno de todos los componentes de las listas electorales y obediencia a las directrices emanadas de la sede central.

»Bajo nuestra dirección técnica, con la labor de campo de personas de las distintas provincias, hacer un test para aflorar lo que desean los votantes, si es posible con expresión de los partidos a los que voten y de lo que piden a un futuro Gobierno en materias como economía, empleo, salud, educación, seguridad, relaciones internacionales…

»Con estos datos vamos a conformar el discurso político que debemos transmitir en todas y cada una de las provincias del Estado.

»Por supuesto, no va a ser un mensaje uniforme, sino que lo adaptaremos en lo preciso a la idiosincrasia de cada provincia en la que nos presentemos.

»La publicidad en todos los soportes (prensa, radio, televisión, redes sociales…) será contratada directamente por la sede central, que manejará los fondos de donaciones, créditos y recursos en general del sumatorio de todas las provincias al estilo de una central de compras: medición de resultados, *feedback*, elementos correctores.

»Se diseñarán los actos de toda índole que deban realizar los candidatos de cada provincia conjuntamente con ellos, así como la participación de los líderes estatales en los momentos y lugares más convenientes para el conjunto del Estado.

»Así de sencillo, pero necesario —concluí.

Cuando acabé la exposición no se escuchaba una mosca. Las expresiones de los participantes eran de lo más variopinto: estupor, contrariedad, asombro… e incluso aprobación en algunos. Miguel, con buen criterio, intervino casi de inmediato:

—Son cambios trascendentes, incluso con los acuerdos establecidos entre muchos de nosotros, por lo que vamos a dar por concluido el comité directivo de hoy y en dos días nos reunimos para la votación correspondiente de aprobación o no de las medidas expresadas. De todas maneras, estos días te agradeceríamos, Javier, que estuvieras en tu despacho en la sede a fin de que cualquiera del comité pudiera aclarar o comentar contigo los aspectos tratados.

—Por supuesto que estaré a disposición de todos —contesté.

Con esto se acabó la reunión y fueron saliendo en grupos de la sala. Yo me dirigí a mi despacho para relajarme un rato antes de regresar a casa.

A la mañana siguiente llamé a Miguel para solicitarle una reunión. Me indicó que fuera cuando quisiera y de inmediato me dirigí a su despacho.

—Estaré, como me indicaste, en mi despacho para que cualquiera de los delegados pueda comentarme lo que crea conveniente, pero antes me gustaría comentarte lo que realmente pienso que debemos manifestar.

—Adelante —me indicó Miguel.

—Para una mejor comunicación, me gustaría plantearte cómo, tras estos meses, creo que podríamos dinamizar el partido para que se perciba más moderno, que mire al futuro, que permita una Administración realmente más cercana al ciudadano y fomentar la participación política de los ciudadanos. Tal vez deberíamos dar una respuesta creíble a las demandas que en estos momentos tienen los ciudadanos. Eso tendríamos que comunicarlo al electorado como nuestro compromiso político para con todos. Con este rol nos comprometemos a conseguir la regeneración de la política y para ello tendríamos que incluir en el programa, entre otros los siguientes aspectos:

»Reformar la legislación sobre la financiación de los partidos políticos, los sindicatos y las patronales para que los mantengan únicamente las cuotas de sus afiliados y donantes.

»Reformar el sistema de retribuciones de nuestros políticos en base a sus capacidades y trabajo real.

»Sería incluso conveniente que los sueldos de los políticos tuvieran una retribución ajustada a los salarios de su localidad, aprobado en referéndum inicial por los ciudadanos y con incrementos en base a la subida del IPC, como el resto de empleados públicos.

»Reducción drástica e inmediata del número de asesores políticos de toda índole en el Gobierno, las autonomías, las alcaldías, las diputaciones, las consejerías, etcétera.

»Reformar la legislación, tanto administrativa como penal, para acabar con la corrupción política y que en primer lugar sea obligatoria la devolución de todo lo apropiado indebidamente.

—Me parece bien, Javier. Ve trabajando en esa línea de comunicación, creo que es buena —contestó Miguel a mis propuestas.

—Si no te importa —le respondí—, me gustaría comentarte otros aspectos que son más conflictivos y que no gustarán a nuestros candidatos, pero creo que serían muy convenientes para diferenciarnos de verdad con respecto al resto de los partidos políticos.

—Adelante, dímelo ya —otorgó Miguel.

—Como te digo, va a ser conflictivo, pero creo que si lo plantea todo en el comité de dirección, aunque ya sé que habría que aprobarlo en un congreso, nos resultará más fácil su aceptación. Yo apostaría por:

»Adoptar el sistema de listas abiertas para todos los cargos, desde las alcaldías a la presidencia del Gobierno.

»Comprometernos a impedir el transfuguismo político a fin de preservar la voluntad de los electores.

»Comprometerse todos los candidatos a un límite de dos legislaturas.

»Destituir a todos los cargos políticos y sindicales de todos los consejos de administración de bancos, empresas públicas, etcétera.

»Promover un pacto de Estado para la educación, impidiendo modificaciones innecesarias y tendencias de adoctrinamiento del partido ganador.

—Efectivamente, es una modificación sustancial —dijo Miguel en tono pensativo—, ya que incluye algo como tendencia. Y, en efecto, se requiere para ello la aprobación por el congreso general, que, como sabes, está previsto para un mes después de las elecciones y donde, además de analizar los resultados, podemos incluir como ponencia política esas cuestiones.

Entraron Raúl y Carlos, que tenían una reunión con Miguel. Me levanté para dejarles en su reunión, pero Miguel me indicó con un gesto que me volviera a sentar y me dijo:

—No, Javier, termina con el tema de la comunicación, que creo que es interesante que estén también Carlos y Raúl.

—Claro, Miguel. En cualquier caso, si lo creéis oportuno podríamos comunicar algunos aspectos que, unidos a los que consigamos de las encuestas de campo, nos distingan. Como, por ejemplo, la optimización del sistema energético para hacer al país más autosuficiente, asegurar los abastecimientos de agua para todos en vivienda, agricultura e industria o promover un plan de desarrollo industrial y tecnológico digital. Ya sé que este planteamiento nos puede enfrentar con otros partidos —continué—. Por eso os lo planteo, como conocedores de la política, porque son temas no afrontados directamente, pero estoy seguro de que podemos lograr un vuelco a las estructuras elefantiásicas que tienen la Administración y la corrupción, ya que los ciudadanos perciben a los partidos políticos como encubridores en mayor o menor grado.

—Vaya, Javier, ¡cómo has evolucionado en unos pocos meses! Te estás convirtiendo en un vidente politólogo —dijo Carlos.

—Bueno, la verdad es que lo que os planteo es lo que mucha gente piensa y me baso en opiniones muy contrastadas y sin mediatizar. —Sonó mi teléfono; era Blanca para decirme que me estaban esperando dos de los candidatos de las provincias del norte del país—.   Lo siento, pero tal como acordamos me están esperando en mi despacho dos de los candidatos y no me gustaría hacerles esperar.

—Sí, sí, vete. A ver si logramos un amplio consenso de actuación en el comité de mañana —dijo Miguel.

Regresé a mi despacho y allí estaban Juan y Paco esperando en la salita. Se levantaron al verme entrar y me saludaron amistosamente.

—Queríamos comentar contigo alguno de los aspectos que nos comentaste ayer.

—Claro, estupendo. Sentaos y vamos a ello.

Estuvimos analizando la, según ellos, especial idiosincrasia de sus provincias y tratando de encajar las acciones con el planteamiento general. Llegamos a un buen nivel acuerdo y perfilamos las acciones que se iban a iniciar de inmediato.

—Además —dijo Juan—, me parece bien que propongamos soluciones y que seamos constructivos y colaborativos.

—Y también tenemos que demostrar al electorado —añadió Paco— que tenemos memoria, que no se nos olvida que no han cumplido con sus promesas electorales y que tenemos en cuenta los corruptos que hay en sus filas.

—¿Qué os parece —les pregunté— si incluimos en nuestro programa pedir una auditoría externa de cada partido político y que anualmente se publiquen *online* tanto sus cuentas como las salvedades que encuentre la auditoría?

—Nos parece perfecto; de esa manera el ciudadano estará más informado y podrá vigilar la financiación de los partidos políticos, conocerá en tiempo las irregularidades para de esa manera frenar a tiempo la corrupción.

—La transparencia es un paso necesario, pero no suficiente, ya que no se le ha dotado de unas garantías suficientes, por lo que se precisaría un mecanismo de control independiente.

No nos habíamos dado cuenta del tiempo que había transcurrido hasta que, tras unos golpes en la puerta, entraron Raúl y Carlos.

—¿Hoy no os toca comer? Venga, vamos los cinco a un restaurante norteño que hay cerca.

—Y además invito yo —dijo Paco.

El restaurante era pequeño pero muy agradable, de estilo vasco-navarro y decorado al estilo clásico de esa zona, con pocas mesas ocupadas. Además, nos sentamos en una mesa redonda en un reservado.

La comida, con una materia prima de excelente calidad y regada con un vino de la región, resultó muy agradable. Naturalmente, seguimos hablando de política.

—Me parece que Javier ha releído *El príncipe*, de Maquiavelo, recientemente, ¿no es cierto? —señaló Carlos.

—No, aún no lo he leído, pero te aseguro que lo haré. Sin embargo, sí he leído el libro *Por qué fracasan las naciones*, de los economistas Daron Acemoglu y Jim Robinson, de la Universidad de Harvard, en el que se trata de explicar la razón por la que algunos países fracasan a pesar de tener recursos económicos y naturales.

—Hemos avanzado mucho en la reunión con Javier esta mañana —dijo Juan.

—Y eso que no les he comentado qué es lo que pensamos hacer cuando ganemos —contesté.

—¿Qué más se te ha ocurrido? —preguntó Carlos, no sin cierta sorna.

—Tenemos que acabar con la burbuja de políticos —le respondí—. No es coherente ser de los países con más políticos del área occidental.

—Eso coincide —expuso Raúl— con los nuevos partidos surgidos por la situación de la crisis, tanto en el extremo de la izquierda como en el de la derecha, que lo que pretenden es dar un sueldo a todos con cargo a los presupuestos generales del Estado, comisiones, dietas, sobres con dinero negro, tarjetas *black* y, por supuesto, inmunidad judicial y fiscal. Naturalmente, con la exención de impuestos de manera vitalicia.

—Además, al que quiera ocupar su tiempo en algo se le otorgará el cargo de asesor de cualquiera de las grandes empresas públicas —medió Paco.

—Por eso nosotros —dije— tenemos que transmitir a los ciudadanos que tenemos que renunciar a la «cartera de trabajo» que tienen los partidos con representación, que reparten entre sus afiliados más de medio millón de puestos de trabajo entre asesores, consultores, contratistas… Por eso partidos políticos y sindicatos son los que más empleo gestionan.

—Indudablemente —apuntó Carlos— que hay que mantener instituciones públicas de gestión, pero que no sean despóticas ni detenten poderes absolutos con estructuras mínimas.

—Pero —intervino Paco— es una utopía que los políticos vayan a renunciar a sus coches oficiales, comisiones, dietas y todo tipo de privilegios.

—No obstante —comenté—, ya se ha probado con éxito en algunas provincias, dejando sin sueldo fijo a la mayoría de diputados, abonando solo la asistencia a las sesiones o las comisiones en las que participen. Si no hubiera tanta gente con intereses, ansias de poder, vanidad y…, por supuesto, dinero, además de colocar a familia y amiguetes, se podría regenerar el sistema democrático.

—Hace dos años —comentó Carlos— vino un chico joven a mi despacho y me dijo: «Quiero entrar en política para ganar dinero. ¿Cómo lo hago de manera honesta? No quiero ser corrupto, solo tener una buena retribución, coche oficial, privilegios, contactos que me ayuden a crecer política y económicamente». Continuaba el muchacho diciendo que no es que le preocuparan los ciudadanos, pero sí estaba dispuesto a hacer acciones populistas que incluso beneficiasen a los ciudadanos y, como estaba convencido de su facilidad de palabra y hasta de sus dotes para la manipulación, consideraba que tenía las cualidades necesarias para ser «político». No tenía ideología definida, por lo que colaboraría y se afiliaría al partido que más posibilidades le ofreciera para conseguir un trabajo seguro.

—Pues en medio de todo era sincero, ya que casi todos piensan que la política ha llegado a ser el arte de mentir y justificar objetivos personales disfrazados de objetivos públicos. Y es que es de creencia general que la política se ha convertido en una profesión para ganar dinero.

—Yo creo —dijo Raúl— que se ha llegado a esa situación por el dinero de que disponen los partidos políticos, sobre todo de los presupuestos generales del Estado, tanto ellos como sus fundaciones. Y muchos se preguntan: ¿por qué tenemos que financiar los ciudadanos mediante impuestos a partidos políticos o sindicatos con los que no nos sentimos identificados? ¿Cuántos partidos políticos o sindicatos serían capaces de sobrevivir solo con las cuotas de sus afiliados?

—Pero si los políticos no ganan dinero —consideró Carlos— tendremos unos mediocres, una especie de funcionarios del partido como una forma de trabajo. Sé que, además de buenos profesionales con vocación política, hay muchos que no son brillantes profesionales ni en la empresa pública ni en la privada, sino que se forman en las juventudes de su partido. Para muchos de ellos la política se ha convertido en una profesión lucrativa, no solo durante su ejercicio, sino sirviéndose de ella como trampolín para situarse bien en las empresas o instituciones que se relacionan con la Administración. En definitiva, la política se ha convertido en una profesión para ganar dinero.

La sobremesa había sido larga, por lo que decidimos volver a la sede del partido antes de que se cerraran las oficinas.

La reunión del día siguiente se desarrolló de manera muy positiva para los planteamientos que hice y finalmente, con alguna modificación, se me aceptó la mayor parte de las propuestas que hice.

Me comprometí a visitar de nuevo todas las sedes provinciales para preparar con ellos el inmediato plan de comunicación, coordinar los mítines y el resto de los actos de la campaña.

El objetivo, optimista según Miguel, era conseguir en esa convocatoria electoral doce escaños a nivel nacional; de hecho, así estaba planteado en el congreso fundacional del partido.

Armado ya con un claro entusiasmo por lo que había logrado influir en el comité de dirección, me atreví a plantear a Miguel:

—Creo que tras estas reuniones… Mejor dicho, estoy seguro de que muchos de los compromisarios y candidatos lo van a aceptar. Debemos elevar el objetivo al menos a veinticuatro escaños en el Congreso. Y te aseguro que voy a trabajar codo con codo con todos ellos el tiempo que sea necesario para conseguirlo.

—No sé, Javier. Lo más probable es que no lo consigamos y sea una frustración para todos. Y sabes que establecer objetivos inalcanzables genera más problemas.

—De todas maneras, Miguel, déjame que se lo plantee yo como reto de mi departamento, ya que con los que he mantenido reuniones de coordinación están dispuestos a hacer un esfuerzo suplementario para conseguir el máximo.

—Está bien. Yo no me he enterado de nada, pero inténtalo. Creo que puede venir bien para la motivación de los equipos de todas las provincias.

Tuvimos unas semanas de intenso trabajo: viajes permanentes por toda la geografía del país, cientos de mítines, entrevistas, apretones de manos y ese largo etcétera característico de cualquier campaña.

Blanca tuvo que incorporar, entre trabajadores y voluntarios, a más de cincuenta personas para poder seguir el ritmo de trabajo que estábamos implementando para la campaña.

Sinceramente, la labor de Blanca fue no solo imprescindible, sino fundamental para la consecución de los resultados. Sin ella, sus contactos y su profesionalidad hubiera sido imposible la campaña que conseguimos.

Nunca hubiera sospechado los nervios acumulados de los recuentos de votos en la noche electoral; pasamos toda la noche en la sede, siguiendo minuto a minuto el recuento de votos de todas y cada una de las provincias, algo verdaderamente agotador.

Eran las cinco de la mañana cuando, ya con más de un 90 por ciento del recuento de votos, el resultado era, en una sola palabra, ¡magnífico! Estábamos a punto de conseguir treinta y cinco escaños, prácticamente el 10 por ciento del total de diputados del Congreso. ¡Un verdadero éxito!

Tras un mensaje de agradecimiento a los votantes y el compromiso de trabajar por ellos, se decidió reservar unas horas para descansar, por lo que nos fuimos a nuestras casas para un merecido descanso.

A las nueve de la mañana siguiente los datos ya eran definitivos: el PDL había conseguido treinta y siete escaños en el Parlamento nacional, algo verdaderamente excepcional. Era un éxito sin precedentes para un partido de nueva creación.

Miguel se dirigió a los ciudadanos para agradecerles sus votos y asegurarles que íbamos a ser escrupulosos en el cumplimiento de nuestro programa y que íbamos a cumplir con rigurosidad sus expectativas.

Por la tarde se organizó una gran fiesta para celebrar el éxito de la campaña, a la que asistimos todos los colaboradores y simpatizantes con nuestras familias en un céntrico hotel de la capital.

Consolidarse en el trabajo

El partido había pasado de ser un bonito proyecto a una consolidación definitiva. En varias regiones conseguimos negociar con los partidos más votados para alcanzar mayorías de gobierno y eso supuso poner a muchos de nuestra estructura en puestos de responsabilidad en los Gobiernos regionales, entre otros Carlos, Raúl, Juan, Paco…

Tuvimos un comité ejecutivo para analizar los resultados y diseñar la estrategia del próximo congreso general del partido, en el que, entre otros aspectos, íbamos a incluir como puntos a tratar los que había sugerido a Miguel antes de las elecciones.

Yo presenté la moción de las listas abiertas y, como el resto, fue aprobada por amplia mayoría por los delegados asistentes. En el congreso se decidía también la estructura de organización del partido. Miguel se volvía a presentar como presidente y me propuso como secretario de organización. La propuesta fue aprobada por mayoría absoluta, de manera que me convertí en el número dos del partido. Mi carrera en la política había sido meteórica, tal vez porque llegué sin tener ni idea de política y habiendo sufrido desde el pueblo llano sus muchas decisiones equivocadas, experiencia de la que carecían casi todos los miembros del partido.

Otro de los nombramientos importantes fue el de Blanca, que pasó a desempeñar la presidencia de «nuevas generaciones», que se constituyó en ese mismo congreso.

Mi retribución aumentó de manera sustancial, pero al mismo tiempo se incrementó considerablemente mi forzosa dedicación al partido: entrevistas de prensa, radio y televisión, artículos de nuestro contenido ideológico, viajes, relaciones con los líderes regionales y provinciales y acuerdos con el resto de fuerzas políticas. En resumen, una dedicación permanente, incluidos festivos y fines de semana, pero era exigencia del cargo, que de ninguna manera podía evitarse.

A todo se acostumbra uno y comenzamos una importante vida social que nos afectó sobre todo a Begoña y a mí, ya que nos veíamos obligados a asistir a innumerables actos, comidas y reuniones, pero la verdad es que no lo llevábamos demasiado mal.

Llegó el día de mi cumpleaños y decidí, dada nuestra mejora económica, invitar a mi familia a comer en un bonito restaurante de la sierra próxima, donde había cenado una noche con gente del partido y me resultó verdaderamente agradable.

Pedro, que había regresado un mes antes de Estados Unidos, donde había finalizado un máster en derecho internacional en una prestigiosa escuela de negocios, se había incorporado a un gran despacho de abogados y nos comentó:

—Me parece una magnífica idea, pero quedaría mucho mejor si invitarais a nuestras parejas, la mía y la de María.

—Estupendo —dije—. Entonces reservaré para seis para el próximo sábado a las dos y media de la tarde. ¿Cómo vamos?

—Si te parece, mi novia y yo vamos en mi coche y puedo llevar a María y su amigo. Vosotros vais por vuestra cuenta.

—Muy bien —respondí—. Así quedamos.

Llegó el sábado. Begoña y yo llegamos un rato antes para tomar el aperitivo previo a la comida. Al poco tiempo llegaron los cuatro.

Mi asombro no pudo ser mayor: ¡la novia de Pedro era Blanca! No podía ser, era imposible que no me hubiera enterado. Me dirigí a ella en tono interrogante:

—Pero Blanca, ¿saben tus padres tu relación con Pedro?

—Claro que sí, desde hace más de un año, pero les hice jurar que no te lo dijeran. ¿No apruebas la relación?

—¡Oh, sí! Pero ni lo sospechaba. En fin, sentaos y en cuanto lleguen María y su amigo empezamos la comida. A ver qué otra sorpresa nos espera.

Nos sorprendió mucho cuando apareció María con un chico melenudo con aspecto de hombre de cromañón, pero que curiosamente hablaba y todo, tal vez demasiado, y se empeñaba una y otra vez en hablar de política, tema sobre el que toda la familia tenía un acuerdo expreso de no hacer comentarios.

Su tono era bastante crítico, dada su simpatía por un grupúsculo extremista que se había generado en la Facultad de Ciencias Políticas, donde estudiaba. Por suerte, no logró su propósito y la comida se desarrolló en buena armonía y familiaridad; que, por supuesto, también había que agradecerle al chico, porque se adaptó muy bien a la conversación fluida y poco trascendente que nos habíamos impuesto.

Al día siguiente había que volver al trabajo. Los asuntos se multiplicaban, pero con el total apoyo de Miguel y su equipo iba reestructurando el partido y dotándolo de organización, transparencia y fidelización tanto de afiliados como de votantes, además de hacernos los huecos que pudimos en los organismos de todas las instituciones del Estado.

Nuestra dedicación era máxima y planteamos proposiciones no de ley sobre aspectos económicos y de reforma institucional, tal como habíamos prometido en la campaña. Por supuesto, lo comunicábamos para general conocimiento y con más intensidad entre nuestros afiliados y amigos.

Para lograr la revitalización democrática comenzamos por nuestro propio partido, lo que afectó no solo a nuestro funcionamiento interno, sino también canalizando iniciativas, ideas y todo tipo de temas con el fin de conocer de cerca la problemática real de los ciudadanos, evitando que nuestros políticos se sentaran en la poltrona dando la espalda a la realidad diaria, suprimiendo con medidas drásticas los gastos innecesarios y el derroche y, por supuesto, eliminando cualquier tipo de corrupción.

Al mismo tiempo procuramos profesionalizar nuestra estructura, tanto del partido como de los políticos que encabezaban las listas de las diferentes provincias, relegando en lo posible a los ineptos y los mediocres y promocionando a aquellos mejor preparados para consolidar los resultados e incluso crecer en las próximas elecciones.

Desaparecieron por completo de nuestros políticos electos las retribuciones enmascaradas, los viajes gratis, los grandes banquetes, las asesorías a diversas entidades y empresas públicas, las fundaciones y todos esos «premios» que se otorgaban a ellos mismos todos los miembros de los diversos partidos cuando alcanzaban poder.

Logramos formar importantes equipos de trabajo, no solo en cada una de las provincias, sino a nivel de región e incluso estatal, lo que favorecía la consolidación real del partido. Apoyado de manera importante por Miguel, conseguí un verdadero liderazgo y logramos un espíritu de triunfo fundamental para planificar la siguiente campaña.

Simultáneamente, celebraba reuniones con el resto de los partidos políticos, presidentes y consejeros regionales, alcaldes de casi todos los partidos e incluso ministros, sindicatos y las organizaciones empresariales. Conseguí un alto prestigio en el contexto político estatal.

Sinceramente, el no tener que gobernar (y consecuentemente, no tener que adoptar decisiones desagradables) favorece y mucho hacer manifestaciones que gusten a la mayoría, aun no siendo demagógico, sino simplemente aplicando el sentido común, que todos sabemos que no es el más común de los sentidos.

El tiempo pasaba con gran rapidez y diría que con mayor ilusión cada día para conseguir tener un partido unido y organizado. Sinceramente, creo que lo conseguimos.

Casi sin darnos cuenta habían pasado tres años desde que habíamos tenido las últimas elecciones y tuvimos que empezar a preparar la siguiente campaña. No fue ninguna sorpresa para nadie (ni para mí) que me incluyeran en la lista para el Congreso como número dos de los candidatos del partido, además de dirigir la campaña, por supuesto.

Habíamos trabajado mucho en los tres años anteriores en organización, por lo que resultó más sencilla la coordinación con los comités locales, de las provincias, regiones y a nivel estatal.

Los últimos veinte días previos a las elecciones eran de absoluta locura, viajando por todo el país, descansando mal y no siempre en una cama, sino a veces en el asiento trasero de un coche, en un tren o un avión... En fin, una actividad demencial.

Volvimos a conseguir unos magníficos resultados, ya que obtuvimos cuarenta y cinco escaños (un 20 por ciento más), por lo que de nuevo lo festejamos en los mismos salones del hotel de la capital, como lo hicimos cuatro años antes, en un ambiente de optimismo exultante.

Un mes después recogimos las actas de diputados y se conformó el nuevo Parlamento, del que, como era de imaginar, formé parte. Miguel siguió siendo presidente del partido y portavoz del mismo en el Parlamento.

Debido a que el cargo de secretario de organización exigía una dedicación plena, fui sustituido por Mario, con el que había trabajado durante los cuatro años y que hasta ese momento era el secretario de la región sur, al tiempo que hacía las funciones de jefe de organización, y estaba muy integrado en la reestructuración que afronté.

Tras las habituales negociaciones por diversos cargos en el Parlamento, fui elegido presidente de la Comisión de Exteriores, cargo del que tomé posesión quince días después.

Era un trabajo complejo. Tuve que revisar muchos de los convenios bilaterales con todo tipo de países y bloques político-económicos y mantuve diversas reuniones con responsables de la cancillería y con los embajadores de los países con sede diplomática en el país.

El trabajo en el Parlamento me absorbía casi todo el tiempo, por lo que cada vez pasaba menos en el partido. De hecho, casi no aparecía por sus oficinas más que cuando había comité de dirección (del que formaba parte) y en las reuniones periódicas que mantenía con un equipo de expertos en relaciones exteriores que, de hecho, eran mis asesores en estrategias diplomáticas.

El trabajo me exigía numerosos viajes a diferentes países de los cinco continentes, en los que me reunía con parlamentarios de los países que visitaba, con empresarios de nuestro país allí establecidos y con todo tipo de instituciones públicas o privadas que tuvieran algún tipo de relación con nuestro país.

Mis relaciones con políticos, empresarios, ejecutivos, sindicalistas y funcionarios de todos los niveles, en diferentes países y organismos internacionales, eran frecuentes y las podría clasificar como gratificantes, salvo por los numerosos viajes, que, por supuesto, conllevaban restar mucho tiempo a mi familia.

Mi primer viaje importante fue a América Latina, en una ruta por tres de sus países no solo para ratificar nuestros acuerdos político-económico-sociales y de colaboración, sino para intentar hacer una labor efectiva de apoyo a empresarios de nuestro país en esas regiones, en su mayoría en desarrollo o con posibilidades de desarrollo.

El primer país que visitamos, con el apoyo de expertos y funcionarios de la cancillería, fue Bolivia, si bien descubrimos que tenía otros muchos nombres en función de los idiomas que se hablaban en el país, como Buliwva, en quechua; Wuliwya, en aimara; o Volivia, en guaraní. En aquel país, donde se desarrollaron antiguas civilizaciones como Tiwanaku y la cultura moxeña, pudimos apreciar la importancia de su cultura.

El país, al independizarse en el año 1825, heredó las tradiciones mestizas, una mezcla de las culturas precolombinas, incas y españolas, conformando una rica amalgama de costumbres y tradiciones de esas culturas.

Este Estado, actualmente plurinacional, era denominado como Alto Perú, pero tomó su denominación del apellido paterno de Simón Bolívar, libertador de la época virreinal.

Lo que más me asombró de Bolivia fue su geografía de contrastes, que va desde una altitud de 4.000 metros en la Región Andina (altiplano) a los 2.500 metros de la Región Subandina (valle) y a los cuatrocientos metros de la Región de los Llanos (sabana).

Otra de sus características curiosas es su composición étnica, conformada por mestizos, indígenas originarios (aimaras y quechuas), guaraníes y mojeños, blancos, afrobolivianos y asiáticos.

Además, se dan singularidades étnicas muy interesantes como son las etnias de los Andes ya indicadas (aimaras y quechuas) o las etnias de los Llanos Orientales, formadas por guaraníes (guarayos, pausemas, sirionós, chiriguanos, matacos, chulipis, taipetes, tobas y yuguis), tacanas, panos, araucos, chapucuras, botocudos y zamucos.

En relación a las actividades económicas, muchas responden a la riqueza natural que poseen. Las más importantes son la minería y la extracción de gas natural, así como la elaboración de cerveza, lácteos, oleaginosas, industria automotriz, cemento y textiles, además de empresas de telecomunicaciones.

Destacaré hitos industriales emergentes como el Salar de Uyuni, uno de los mayores depósitos de litio en el mundo, y parte de un impresionante lago, el Titicaca.

Cuando uno ve las posibilidades turísticas de este impresionante lago (y no solo por su mejor explotación por parte del lado peruano) se nos antoja la posibilidad de creación de un complejo ecoturístico con rentabilidad asegurada si se conjuga su diseño con una comunicación eficaz.

El conocer este país fue una experiencia fantástica e inolvidable, que me permitió identificar muchos de los problemas de expansión de sus empresarios, que, a pesar de los esfuerzos que hacían para promocionar y colocar sus productos fuera del reducido mercado interior, no lograban abrirse con éxito al mercado externo.

Este conocimiento nos supuso ya inicialmente varios contratos bilaterales con el grupo de empresarios que me acompañaba en la misión y fue el inicio de grandes proyectos de cooperación con nuestro país.

Finalizada la visita al país y con un montón de tarjetas que me iban entregando empresarios y políticos, nos dirigimos a nuestra próxima visita a otro país de América Latina: Perú.

Perú (en quechua y en aimara, Piruw) es uno de los países de mayor diversidad biológica del mundo y de mayores recursos minerales. Instalado con mi comitiva en su capital, las reuniones con políticos y empresarios de nuestro país establecidos allí y los propios del país no se hicieron esperar, siendo el principal objetivo buscar otros mercados para sus variados productos y la urgencia de abrir caminos a la exportación de sus productos, bienes o servicios a un mercado más amplio.

Se puede destacar que en los últimos años la economía peruana ha tenido un nivel de crecimiento importante respecto a otras economías del mundo y se ha convertido en una de las más estables y con un crecimiento más pujante de América Latina.

Se suscribieron también diversos contratos de gran relevancia para el logro de nuestros objetivos entre los contactos que se realizaron durante este viaje, que fueron verdaderamente importantes.

Desde allí nos trasladamos a Chile, último país que íbamos a visitar en nuestra primera gran gira por los países de América Latina. Chile está estructurada en tres áreas geográficas diferenciadas: Chile continental, Chile insular y el Territorio Chileno Antártico. Además, posee una costa de 6.435 kilómetros de longitud y comprende cuatro zonas, lo que le permite una variedad de riquezas naturales que conviene diferenciar.

Chile es considerado un país de ingreso alto y a punto de salir de ser un Estado en vías de desarrollo. Sus más de diecisiete millones de habitantes disfrutan de índices de calidad de vida, crecimiento económico, desarrollo humano, globalización y PIB per cápita que se encuentran entre los más altos de América Latina. Puedo decirles que es un país de amplio interés para cualquier empresario que tenga en su proyección tanto la importación como la exportación o el establecimiento allí de sus empresas, bien directamente o a través de acuerdos de *joint venture*, cesión de tecnología… Un país donde trabajar. De hecho, ya son muchos los emigrantes, la mayoría con buena formación técnica, que se han incorporado a la fuerza laboral del país y los contratos de cesión de tecnología y *joint venture* realizados con países que dominan las más vanguardistas técnicas de producción.

Sinceramente, el apoyo de las embajadas, consulados y oficinas comerciales de nuestro país ayudó, y mucho, al éxito de esta primera gira, como así continuaron siendo eficaces en todas las demás que realizamos a países de los cinco continentes.

Todo llega y todo pasa, así que comencé y acabé la legislatura, pero tanto yo como los cargos electos de mi partido en ningún momento tuvimos problema alguno de corrupción, si bien la retribución como diputado y como presidente de la Comisión de Exteriores, más las dietas, el vehículo y demás complementos totalmente legales me suponían unos ingresos altos, con los que podríamos decir que nos habíamos instalado en la burguesía. Sin embargo, no éramos ricos y era una idea que me rondaba por la cabeza desde hacía muchos años.

La gravedad de la primera y última zancadilla

Había amanecido lloviznando, con frío y un desapacible viento, pareciendo augurar algo desagradable, como así fue. Eran las 9:15 h cuando un agente judicial llamó a la puerta.

Pasó la empleada al comedor para decirme que preguntaba por mí un agente del juzgado, por lo que salí a ver el motivo.

—Le entrego la documentación correspondiente a las diligencias previas del Juzgado de Instrucción por la querella que han interpuesto contra usted.

Mientras esto decía tenía en la mano un abultado sobre, que me entregó tras firmar el correspondiente justificante.

La sorpresa me paralizó. Entré de nuevo y en vez de ir al comedor fui directamente al despacho a ver el contenido del sobre. ¡Increíble! Jamás me habían denunciado ante un juzgado.

No entendía nada y me parecía absurdo, además de falso por completo, pero parte del antiguo equipo de organización del partido, liderado por Carlos, me acusaba de los delitos de estafa, revelación de secretos y delito continuado, cometidos presuntamente en perjuicio de los intereses del partido y frente a cualquiera otros que se desprendieran de la instrucción de la causa, fueran personas físicas o jurídicas, que pudieran resultar de la investigación de los hechos.

Estaba pálido cuando entró Begoña para decirme:

—¡Tienes que terminar de desayunar! —Y al observar el aspecto que tenía continuó—: ¿Pero qué ha pasado?

—Es un asunto judicial del partido, pero parece grave, así que me voy directamente a la asesoría jurídica a ver cómo se puede resolver —dije sin comentarle que era una querella contra mí personalmente.

Salí de casa, pero antes de llegar a la oficina me detuve en una cafetería para pensar e intentar salir de la confusión y la preocupación, pero no lo lograba de ninguna manera. Con el sobre bajo el brazo caminé durante un par de horas hasta que decidí entrar en la oficina. Me senté en el despacho y estuve bastante tiempo más dando vueltas a la dichosa querella hasta que decidí llamar al jefe de la asesoría jurídica del partido.

—Luis, hay un hecho importante en el que necesito que me ayudes. ¿Puedes venir un momento a mi despacho?

No habrían pasado más de cinco minutos cuando Luis se sentó a la mesa redonda junto a mí.

—Bueno, ¿qué es ese hecho importante?

Sin decir palabra le acerqué el sobre, que estaba encima de la mesa. Lo abrió y tras ver la primera hoja me dijo:

—Esto es muy grave, Javier. Hay que llamar inmediatamente a Miguel y mantener una reunión con él.
—Pero ¿no sabías tú nada de esto?
—No, y me extraña, pero por la fecha es de cuando estuvimos en la reunión de partidos en Roma. Como recordarás, además de tú y yo, estaban Miguel y los de planificación, pero no Carlos. Pero en todo caso deberían haberme consultado y, en caso contrario, informarme a mi regreso.
—Pero ¿por qué Carlos me acusa de estas barbaridades si sabe a ciencia cierta que es falso?
—No lo sé, pero el asunto es muy importante y debemos reunirnos inmediatamente con Miguel. Esto puede ser de consecuencias insospechadas. De momento, y hasta que hablemos con Miguel, es mejor que no lo comentes con nadie.

Miguel estaba de viaje y no regresaba hasta el día siguiente por la tarde. Le comenté telefónicamente que me habían puesto una querella miembros del antiguo departamento de organización y que me había dicho Luis que no lo comentara con nadie hasta hablar con él.

—Bien, no te preocupes, Javier. Yo creo que es todo un error. Seguro que mañana, cuando lo analicemos bien, encontramos una solución. Estate tranquilo, que no pasa nada, y mañana nos reunimos para resolverlo.

Las horas hasta el día siguiente a las seis de la tarde, cuando nos reunimos en su despacho, se me hicieron eternas, pero finalmente llegó.

—Supongo, Luis, que habrás estudiado el caso en detalle —le dijo Miguel—. Coméntanos qué es realmente.

—No es ningún error. Es una querella por estafa, entre otras acusaciones, con infinidad de documentos supuestamente probatorios y solicitud de sentencia con importante cantidad económica y penas de prisión elevadas.

—¡No puede ser, es todo falso! ¡Yo no he hecho nada ilegal! —dije en tono bastante alto.

—Bueno, no te preocupes. Mañana lo aclararemos todo.

Llamó a su secretaria y le dijo que convocara una reunión a las nueve de la mañana, a la que debía acudir Carlos, además de nosotros tres.

De nuevo con las palabras de ánimo de ambos nos despedimos hasta el día siguiente.

En la sala de espera del despacho de presidencia estábamos ya Carlos, Luis y yo, sin decirnos palabra y casi sin mirarnos. Se abrió la puerta del despacho y Miguel nos invitó a pasar. Nos sentamos alrededor de la mesa redonda sin decir palabra.

Miguel, tras coger unos papeles de la mesa de su despacho, se sentó y directamente le dijo a Carlos:

—Explícanos qué es esta querella contra Javier.

—Bien, lo que exponemos en esa querella son hechos absolutamente ciertos. Javier ha estafado al partido.

—¡Eso es falso! Eres un mentiroso y un miserable —argüí.

—Javier, deja a Carlos que termine, por favor.

—Viene todo documentado en el escrito de la querella y las pruebas que se adjuntan. Desde que Javier se hizo cargo de la organización, desplazándome de mis responsabilidades y creyéndose que podía hacer y deshacer a su manera y en beneficio propio, distorsionó deliberadamente las cuentas de cinco de las gestoras provinciales, firmó compromisos para los que no estaba autorizado en otras tres y despidió a varios de los empleados que no estaban de acuerdo con sus actuaciones, acusándoles de estar de acuerdo conmigo para perjudicarle.

—¡Eso es falso! —repliqué con firmeza.

—Espera, Javier. Deja que termine Carlos. De otra manera no solucionamos nada.

—Está todo demostrado en la documentación de la querella, así que debe ser un juez el que, tras las investigaciones oportunas, dicte sentencia.

—Pero —intervino Luis— ¿por qué se presentó la querella redactada por un abogado de los que teníamos a prueba y que ya no trabaja en el partido, sin informarme ni antes ni después, ya que no he tenido conocimiento hasta ahora?

—Era por precaución, ya que en algún momento pensamos que tú podías ser encubridor de Javier porque eres amigo suyo y podría darle tiempo a eliminar pruebas.

—Me niego a seguir escuchándote —afirmé ya verdaderamente enfadado—. O sale Carlos del despacho ahora mismo o me voy yo. No estoy dispuesto a aguantar tal sarta de mentiras, que se tendrá que tragar, porque la justicia va a descubrir las trampas que ha hecho este miserable para buscarme problemas, para ocultar su incapacidad y demostrar el tipo de persona que es.

—No es necesario, me voy yo —dijo Carlos.

Nos quedamos los tres serios y sin decir palabra un rato, silencio que rompió Miguel para decirme:

—Voy a convocar de urgencia al comité de dirección para este mismo fin de semana. Dada la situación, no vais a ser convocados ni Carlos ni tú.

—Pero yo quiero defenderme ante todos.

—Estatuariamente está así establecido; ya te informaré yo de las decisiones que se tomen.

Salimos Luis y yo del despacho y bajamos a la cafetería. Cada momento que pasaba me parecía más inverosímil la situación y, aunque Luis trataba de tranquilizarme, la verdad es que estaba moralmente hundido.

Di un largo paseo con el sobre bajo el brazo, comí un ligero menú en un restaurante que encontré y me fui a una biblioteca pública para pasar el tiempo hasta volver a casa a la hora habitual.

El domingo por la tarde me llamó al móvil Miguel para decirme que pasara el lunes a primera hora por su oficina para comentarme lo que se había decidido en el comité de dirección.

A pesar de mi insistencia en que me avanzara algo, me dio largas, diciendo que era conveniente hablarlo personalmente, de forma que no había otra solución que esperar.

Naturalmente, no pude casi dormir. Tenía un estado de ansiedad que no recordaba haberlo tenido igual en toda mi vida y, por supuesto, a primera hora estaba en la sala de espera del despacho de Miguel antes de que él llegara a la oficina.

Al llegar me saludó como siempre y entramos juntos a su despacho.

—Bueno, cuéntame, Miguel, qué habéis decidido. Estoy francamente nervioso.

—Verás, Javier, este tema se nos ha ido de las manos. No es que dude de tu honestidad, pero el juez ha admitido a trámite la querella porque ve indicios del presunto delito, lo que indica que estás en situación de «investigado» y, tal como está en los estatutos del partido, quedas suspendido de todos los cargos hasta que haya sentencia. Míralo desde el punto de vista positivo —continuó Miguel—, ya que así podrás dedicarte exclusivamente a preparar de la mejor manera tu defensa.

—Pero no puede ser. ¡Soy inocente! Solo son injurias sin fundamento —refuté.

—Lo siento, Javier, pero así está establecido y sabes muy bien que tenemos que cumplir con las propias normas que nos hemos dado.

—Está bien, recogeré mis cosas del despacho y me voy.

—Sabes que ante todo está nuestra amistad y que yo estoy seguro de que podrás aclararlo todo y saldrás reforzado de esta situación.

Nos levantamos, me dio un abrazo sin decir nada más y salí hacia mi despacho para recoger todas mis pertenencias personales.

Recogí mis cosas y algunas de las carpetas confidenciales de mi trabajo correspondientes a mi cargo, con especial interés en aquellas que pudieran tener especial importancia para mi defensa, y destruí el resto.

A pesar de no ser mucho, llené cuatro cajas que me trajeron del departamento de logística, por lo que llamé a uno de los ordenanzas para que me ayudara a bajarlas al coche.

No sabía si esperar hasta la tarde para ir a casa, pero decidí ir directamente y contar la situación a mi familia, porque no podía seguir fingiendo que no pasaba nada, sino precisamente buscar su apoyo e incluso sus aportaciones para preparar mi defensa.

Pasaron unos meses angustiosos, aburridos, con momentos depresivos y, por supuesto, con gran nerviosismo hasta que un día me llegó la citación para acudir al Juzgado de Instrucción para la declaración ante el juez.

Tenía muchas ganas de que llegara ese día, al tiempo que me producía un enorme miedo por si, aun convencido de mi inocencia, no fuera capaz el juez de discernir correctamente los hechos, con una mezcla de creencia en la justicia y, por otro lado, los numerosos comentarios sobre injusticias que muchos nos hacían.

Llegó el día y, a pesar de mi nerviosismo (que, por supuesto, se notaba), procuraba dar la sensación de seguridad, como correspondía a mi situación y con el ánimo que me transmitía mi abogado.

Tras el juramento de decir la verdad y nada más que la verdad y manifestando al juez que sí quería declarar, a continuación el secretario me requirió para que designara un domicilio a efectos de notificaciones o persona que las recibiese en mi nombre, permitiendo la citación efectuada en estos términos de celebración del juicio, si la pena solicitada no excedía de dos años de privación de libertad o de seis años cuando la pena fuese de distinta naturaleza.

Probablemente sea un requerimiento puramente procesal, pero me causó un efecto moralmente demoledor: ya me imaginaba en la cárcel para toda la vida. ¡Y sin haber hecho nada!

Me repuse como pude y sin más dilación el abogado de la parte contraria inició el interrogatorio, que más o menos se produjo así:

—¿Tiene conocimiento de que en nombre del partido político firmó un contrato de publicidad para la campaña electoral?

—Sí. Efectivamente, lo firmé.

—¿Ordenó el pago de 900.000 doblones a la agencia de publicidad por los contratos de la campaña?

—No. El pago ordenado, como así está documentado en la contestación a la querella, fue de 75.000 doblones. El resto de los pagos, que además no llegan a esa cantidad, corresponde a cantidades abonadas a dicha empresa de publicidad de campañas anteriores, incluso cuando el anterior secretario de organización les contrató y autorizados los pagos por él, no por mí. Los documentos de contratación y pago que se efectuaron figuran en los anexos a la contestación a la querella y los que pudieran faltar deben solicitarlos al departamento de contabilidad del partido político.

—¿Es cierto que se le pagaron diversos cheques bancarios a la empresa de publicidad por distintos importes, como 106.000, 93.000, 65.000…, hasta el monto total de los 900.000 doblones?

—Sí se pagaron, pero, como he indicado, corresponden a otros servicios distintos de los contratados por mí.

—¿Como consecuencia de su relación con la empresa de publicidad ha tenido usted alguna ventaja?

—Ninguna, en absoluto.

—¿No es verdad que el director financiero que ha contratado la agencia de publicidad lo hizo por petición suya?

—No. De hecho, conozco hace tiempo al que ahora ocupa la dirección financiera de la agencia de publicidad, pero no influí de manera alguna en su contratación.

—¿Recomendó usted a otras demarcaciones territoriales del partido que contrataran a esa misma empresa de publicidad?

—No. De hecho, ya trabajaba esa empresa de publicidad para varias demarcaciones territoriales cuando yo me hice cargo de la secretaría de organización.

—¿Han disfrutado usted o su familia y amigos de viajes pagados por la agencia de publicidad?

—No, todos mis viajes de trabajo han sido pagados por el partido y los personales siempre los he abonado desde mis cuentas personales.

Hubo más preguntas reiterativas sobre el asunto, que contesté con seguridad y hasta con contundencia. Mi abogado no hizo uso de la palabra.

Concluida la declaración, tuve que manifestar que llegado el momento procesal oportuno y una vez designado procurador, facultaba al mismo tan ampliamente como en derecho procediese para que recibiese en mi nombre todo tipo de notificaciones, emplazamientos y requerimientos y muy especialmente designaba a dicho procurador para que, en su caso y en mi nombre, recibiese copia del correspondiente escrito de acusación y me fuesen notificados tanto el auto de transformación en procedimiento abreviado como el auto de apertura de juicio oral, en previsión de lo dispuesto en varios artículos de la Ley de Enjuiciamiento Criminal.

También debe de ser una fórmula habitual en todos los procesos, pero aun así me causó una sensación de agobio que creo que me duró durante no solo varias horas, sino días, semanas e incluso meses.

En ese estado de ansiedad e incluso miedo pasé 345 días (¡casi un año!) de angustia, en los que casi el monotema era la querella y sus consecuencias. Reconozco que mi actitud de pesadez acababa agotando a mi familia, amigos y, de hecho, a cuantos se resignaban a escucharme.

Llego el día 346 desde mi interrogatorio, cuando el procurador me envió el auto que había remitido el fiscal al juzgado sobre las diligencias previas del procedimiento abreviado que tenía en curso, que por fin me llenó de alegría porque en su razonamiento admitía la realidad que expuse tanto en el interrogatorio como en las pruebas que adjuntamos.

El despacho del fiscal, a la vista de las diligencias practicadas, interesaba el sobreseimiento provisional y archivo de las actuaciones al no haber quedado debidamente justificada la perpetración del delito que dio origen a la formación de la causa.

El juzgado me comunicó que «oídos la acusación particular y la acusación pública», correspondía decretar la apertura de juicio oral o el sobreseimiento provisional de la causa y que, «analizada la abundante documentación aportada por las partes y las otras diligencias practicadas, se acuerda el sobreseimiento provisional de las actuaciones al no haber quedado acreditada la comisión de un presunto delito de estafa, ni el delito contra la propiedad, ni el de revelación de secretos» que se me imputaban.

¡Por fin la justicia había funcionado! La verdad es que estaba seguro en mi fuero interno de que así iba a ser, pero me intranquilizaban, cada vez más, comentarios de todo tipo de asuntos evidentes que dependían del criterio del juzgador y que a veces no coincidían con la realidad.

Pero… ya me lo advirtió el abogado: recurrieron la sentencia ante la Audiencia, lo que supuso un nuevo aplazamiento de mi desagradable situación. Si bien algo más tranquilo, el nerviosismo había hecho nido ya en mí, al parecer para siempre.

Prácticamente dos años más tarde la Audiencia falló de nuevo a mi favor y aun así Carlos insistió, de manera que sus abogados solicitaron la anulación de las actuaciones…, aunque finalmente la sentencia a mi favor fue definitivamente archivada.

En ese momento sí, tras casi cuatro años de una situación no deseable ni a los peores enemigos (menos a Carlos, naturalmente), la situación había cambiado radicalmente, si bien estos hechos me habían marcado definitivamente.

No habían pasado dos horas desde que recibí la sentencia definitiva y me llamó Miguel para darme la enhorabuena y pedirme que pasara al día siguiente por su despacho.

Como era jueves, preferí dedicar unos días a pensar en mi nueva situación y, por una vez en mucho tiempo, en mi actividad futura, por lo que quedé con Miguel el lunes siguiente por la mañana.

Me recibió con ilusión, al igual que todos los que me iba encontrando por los pasillos, pero lo cierto es que prácticamente se habían «olvidado» de mí durante casi cuatro años y eso es algo que no resulta fácil de olvidar para nadie.

¡Qué cantidad de amigos tienes cuando las cosas te van bien!

—No sabes cuánto nos alegramos todos de que, como sabíamos, te hayan declarado inocente de la desagradable acusación que Carlos y sus antiguos colegas presentaron contra ti.

—Ya, pero he estado abandonado en casa durante casi cuatro años.

—Es que ya sabes que los protocolos de los partidos son muy exigentes con estas situaciones de posibles dudas, pero el pasado sábado la junta directiva ordenó la transferencia de los importes no percibidos durante este tiempo a tu cuenta bancaria y aceptó la dimisión presentada por Carlos.

—De acuerdo. ¿Y ahora qué hago?

—¡Por supuesto, reincorporarte con todos los honores! Precisamente, habíamos pensado que te incorporaras el próximo jueves con la asistencia a la junta directiva donde se te otorgarán de nuevo todas las facultades y el cargo.

—Está bien. Hasta el jueves.

—Javier, me alegro muchísimo de que la justicia te haya dado la razón. Siento lo que has pasado, pero a partir de ahora a compartir todo, como siempre.

Salí del despacho y, como a la entrada, las personas con las que me encontraba me saludaban muy amablemente, me abrazaban algunos y en general daba la sensación de que todos eran felices con mi reincorporación.

Claro que yo ya no era el mismo: mi ilusión, confianza e incluso ánimo de trabajo habían cambiado sustancialmente.

Como primera reacción llamé a mi abogado para que interpusiera una querella contra Carlos por denuncia falsa. Me parecía lo lógico en un estado de derecho.

Tras los años pasados, obsesionado por la querella y revisando legislación, me sentía con conocimientos suficientes para cooperar con el abogado para la presentación de la que yo ahora debía interponer; por ello le pasé un correo en el que le daba parte de mis argumentos:

Dando por supuesto que recurrirás con argumentos contundentes y, salvo mejor criterio tuyo, quería comentarte, a título solo personal, que el derecho al honor que me ha sido infringido, comunicando los términos de la querella y dándola como hechos probados a los cargos del partido, sus afiliados, personas relacionadas con ellos y otros del entorno político (otros partidos, sindicatos…), debe tener el amparo judicial.

De hecho, trasladar la denuncia falsa a la vía civil ya se ha hecho y precisamente dictadas sentencias por los juzgados de lo Mercantil, siendo favorables a nuestras demandas, pero resuelto el aspecto mercantil de los hechos ES MÁS CIERTO QUE EL DAÑO A MI HONOR Y A MI IMAGEN ES UN IMPORTANTE PERJUICIO DEL QUE NO HE SIDO RESARCIDO.

Por no insistir más en este desagradable asunto, se presentó la querella por denuncia falsa y, tras meses esperando, el señor juez estimó no admitirla a trámite, ya que ya había sido declarado inocente, por lo que se me rechazó el amparo.

Me dejó un agridulce sabor de la actuación de la justicia en mi caso, ya que entendía que Carlos debía pasar al menos el mismo tiempo de incertidumbre y desasosiego que había tenido que pasar yo; y él se marchaba sin acción alguna por su falsedad.

Me reincorporé al equipo directivo del partido y se me nombró de nuevo secretario de organización, cargo que ocupé unos años, incluida una nueva legislatura como diputado nacional.

Corolario

Las muchas horas que había pasado en los largos viajes me permitieron planificar una estrategia para conseguir alcanzar la riqueza que había soñado en varias ocasiones, para lo que hacía años incluso me había comprado un libro sobre cómo hacerse rico en tres días, pero a la vista estaba que no me sirvió de nada.

Faltaba poco tiempo para finalizar la legislatura y, como era de esperar, se fueron conformando las listas para el Parlamento, las regiones y las alcaldías. En el comité directivo nos presentaron las listas que se habían configurado desde las bases; yo estaba de nuevo como número dos al Parlamento estatal. Pregunté si podríamos hacer un breve receso con la disculpa de que tenía que hacer unas llamadas y además aprovechábamos el momento para tomar un café y descansar un rato.

Le dije a Miguel si podíamos ir a su despacho un momento y allí nos dirigimos:

—Miguel, lo he pensado mucho, pero no puedo aceptar ir en las listas. Estoy decepcionado, muy cansado y quiero dejar la política.

—Bien, pero seguirás en el partido como secretario de organización, ¿verdad?

—No, tampoco. Quiero dedicarme a la empresa privada.

—¿Ni siquiera como vicepresidente del partido?

—No, de verdad, solo quiero ser un militante de base. Lo siento.

—Está bien, tú decides. De todas maneras, ven a cenar esta noche a casa y charlamos al respecto.

—De acuerdo, pero lo quiero comunicar ahora en el comité directivo y por eso debía decírtelo primero a ti.

—De acuerdo, Javier. No te puedo obligar.

Así lo hice. Se lo comuniqué a todos, que no salían de su asombro, salí de la reunión y me dirigí a casa caminando lentamente, ensimismado en mis pensamientos. Había transcurrido más de una hora cuando decidí tomar un autobús para llegar a casa a la hora de comer.

En los seis meses que faltaban para las elecciones me tenía que mover rápido para conseguir que mi estrategia de pasar a la empresa privada fuera un éxito total.

Mi plan estratégico se iniciaba con la comunicación de manera cuidada de que, como buen ciudadano, había dedicado un tiempo a la política, pero de ninguna manera había pensado que eso fuera una profesión y, consecuentemente, me había propuesto volver a la empresa privada, dejando los cargos que tenía en el Parlamento y en la primera línea del partido, pasando simplemente a ser un afiliado de base.

Iba filtrando la información a varios de los periodistas con los que me había unido mayor confianza en estos años, que pronto la pasaron a las agencias de noticias y en general a los medios de comunicación. Tras la publicación tuve que contestar a miles de preguntas de los medios para confirmarles a todos lo que ya había dicho a los periodistas próximos.

Tuve llamadas de mucha gente, tanto de mi partido como del resto que tenían representación en el Parlamento, y casi de inmediato la de varios presidentes de empresas multinacionales, muchos de los cuales me habían acompañado en los viajes al exterior en las misiones realizadas en mi condición de presidente de la Comisión de Exteriores del Parlamento.

Pasé unos meses con diversas entrevistas y almuerzos con todos ellos con el fin de confirmarles mi decisión, al tiempo que, por supuesto, seguía estando a disposición de cuantos pudieran necesitar de mi apoyo.

Como tenía previsto, varias empresas me ofrecieron formar parte de sus consejos de administración (con muy interesante retribución, más dietas de asistencia), pero no me quería comprometer con ninguna hasta tener la posibilidad de elegir las más adecuadas.

También tuve varias ofertas para participar en compañías de *trading*, *barter* y, en general, de comercio exterior para no desperdiciar los contactos al máximo nivel que había adquirido en diferentes países.

Además, como les expresaba a todos, no me parecía ético aceptar sus ofertas mientras siguiera ostentando los cargos públicos que desempeñaba, de manera que aplazaba mi decisión hasta tener la libertad de elegir, una vez separado de la responsabilidad pública.

Como no podía ser de otra manera, colaboré con el PDL con la máxima dedicación y entusiasmo en la campaña electoral, en estrecha relación con el nuevo secretario de organización y los responsables de las diferentes provincias.

El resultado de la campaña fue otra vez un éxito y logramos mantener el nivel de votantes y el número de escaños en el Parlamento. De hecho, el partido había logrado consolidarse en un periodo corto de años.

Cuando recogieron las actas como diputados los nuevos cargos electos, los anteriores que no habíamos sido reelegidos quedamos en libertad de hacer lo que nos pareciera conveniente personal y profesionalmente.

A partir de ese momento confirmé mi pertenencia al consejo de administración de una multinacional del sector de las comunicaciones que, con base en nuestro país, operaba en varios países, tomando posesión del cargo justo un mes después de dejar mis responsabilidades políticas. Además de mi pertenencia al consejo, me ofrecieron el cargo de asesor de relaciones exteriores con una interesante retribución añadida.

Tres meses más tarde acepté el cargo de consejero de otra multinacional del sector de la construcción, implantada también en nuestro país, pero que tenía actividad en diversos países, con importante presencia en los concursos públicos internacionales, además de aceptar formar una compañía con actividad en el comercio exterior, que algún mal pensado podría calificar de *lobby*, que se constituyó con el capital necesario para cubrir los gastos presupuestados para los primeros cinco años (incluidos mis honorarios, por supuesto) a cambio del 49 por ciento de las acciones, dejando a mi favor el 51 por ciento restante, además de ser el máximo ejecutivo de la nueva compañía.

El tiempo había pasado como una exhalación y normalmente te das cuenta de ello cuando ves el desarrollo de tus hijos. Eso mismo me ocurrió a mí.

Pedro se había casado con Blanca y ya tenían dos hijos. Tras su brillante trayectoria en el despacho internacional de abogados, donde trabajó varios años, era actualmente el director de la asesoría jurídica de una multinacional del sector petrolífero, con un magnífico posicionamiento social y económico.

María, tras acabar la carrera y no encontrar su hueco en el país, se fue a París, cuna de artistas, donde vivía en un apartamento en el barrio de Montmartre que debíamos pagarle nosotros, porque parecía que allí el arte no le daba para vivir.

Por eso pensó que su destino artístico debía ser Nueva York por su incomparable internacionalidad, por lo que dicho y hecho: allá que se fue y alquiló un apartamento en el Soho (también pagado por nosotros), donde, por supuesto, tampoco ese ambiente reconocía su arte de manera que le permitiera vivir.

Dadas las circunstancias y como cualquier otro padre procurando el bienestar de sus hijos, me vi obligado a contactar con personas que pudieran ayudarla a encontrar su sitio a fin de realizarse personal y profesionalmente y tener un futuro holgado.

La verdad es que contar con amigos bien posicionados abre muchas puertas. Gracias a ellas y a la vasta preparación artística de María fue contratada como directora de un museo estatal de arte moderno, donde continúa y donde cuenta con el reconocimiento de los organismos que velan por el cuidado del arte en el país e incluso internacional.

Tampoco Begoña se quedó en casa, ya que aceptó hacerse cargo de la asesoría económica del Ayuntamiento de la ciudad, lo que le obligaba a una activa vida social.

En fin, todos aportando nuestros conocimientos a la sociedad, con toda nuestra ilusión, si bien no del todo desinteresada.

Tal vez debe de ser verdad que el que la sigue la persigue y la caza.

Se cumplió todo lo que había soñado en aquella época rutinaria de mi primer empleo, y no solo por suerte, sino por mucho trabajo. Por eso no sé si es justo lo que expresa el subtítulo: «Del valle de lágrimas a la cima de los listillos».

Probablemente, el lector sea capaz de juzgarlo y calificarlo adecuadamente.

Índice

Sobre el autor

Jesús María López-Davalillo y López de Torre es autor de libros tales como *Los nuevos emprendedores (e-emprendedores), Empresario, ¡que viene la crisis!* o *El trabajo de buscar trabajo,* entre otros. Conferenciante en varias universidades y escuelas de negocios de diversos países, ha escrito además numerosos artículos de prensa sobre aspectos empresariales en publicaciones de Europa y América.